Ⓢ新潮新書

田中周紀
TANAKA Chikaki

会社はいつ道を踏み外すのか

経済事件10の深層

693

新潮社

はじめに——経済事件は決して他人ごとではない

「経済事件は、興味はあるんだけど、難しくて……」と思っておられないだろうか。殺人事件や薬物事件など単純粗暴な事件に比べ、経済事件は基本的に大金が絡み、理解するには多少なりとも経済の理屈が必要になる。必然的に庶民には縁遠い話となる。そのため、巨額の脱税事件など、よほどの有名企業や著名人が登場しない限り、マスコミ（特に映像を必要とするテレビ）は積極的に取り上げようとせず、一般社会でもあまり話題に上らないということになる。

だが、自分が働いている会社や業界が事件の舞台ともなれば、「難しい」とばかりは言っていられない。15歳以上の日本人の2人に1人はサラリーマン。大企業に勤めていても、油断は禁物だ。ゴマすり能力だけでのし上がった、無能で無責任なトップを戴いた会社は、規模の大小にかかわらず問題を起こしやすい。それが事件に発展すると会社は信用を失い、最悪の場合は会社そのものが消滅して、社員はリストラされる。「道を踏み外す」のは何も会社だけとは限らないのだ。

サラリーマンが一個人として事件を起こす場合もある。以前なら勤務時間中に証券会社に出向かないと不可能だった株取引は、今や勤務先や自宅からインターネットで簡単に行える。インサイダー取引の誘惑は、サラリーマンならそこら中に転がっている。一念発起して起業し、アイデア商品が大当たりしたものの、膨れ上がった税金に恐れをなして脱税に走るケースも珍しくない。現代は「経済事件は難しくて……」などと悠長に構えていられる時代ではないのだ。過去の有名経済事件から得られる教訓を、ここで知っておくことは大いに意味があるのではないか――。

私が大学を卒業して共同通信社に入社したのは1985年4月。同年9月の「先進5ヵ国蔵相・中央銀行総裁会議」（G5）がドル高是正に合意して以降、世界経済は新たな局面に突入し、私は数々の経済事件に遭遇することになった。

経済取材がしたくて共同通信に入社したつもりは欠片《かけら》もなかったが、20代半ばの87年3月に配属されたのは、幸か不幸か、発足間もない金融証券部。主に東京証券取引所の兜記者倶楽部で、バブルの発生と崩壊に激動する証券業界を取材した。その間にはリクルート事件、光進事件、イトマン事件、大手証券会社の損失補塡問題など、バブル期ならではの経済事件が頻発し、その裏には必ずと言っていいほど国税当局の税務調査があることを知った。この経験が、その後の経済事件記者としての私の原点になっている。

その後は大阪支社経済部、同社会部を経て、95年からは本社社会部で希望通り国税当局と証券取引等監視委員会（ＳＥＳＣ）を取材。90年代後半の住宅金融専門会社（住専）事件、第一勧銀（現・みずほ銀行）と4大証券会社の総会屋利益供与事件、大蔵省（現・財務省）接待事件、ヤクルト本社巨額損失事件、長銀・日債銀経営破綻事件など、大型の経済事件の取材に軒並み関わった。幸運なことに、こうした事件の当事者の中には、私が金融証券部時代にお世話になったネタ元（取材源）の方が数多く存在しており、事件発生当時から深い取材をさせていただいた。

さらに共同通信から移籍したテレビ朝日でも、40代半ばの２００６年7月から丸4年間、再び国税当局とＳＥＳＣを担当。キヤノン大分工場建設に絡むコンサルタント脱税事件や、人材派遣会社買収に絡む投資ファンドの脱税事件といった巨額脱税事件を追いかけながら、いい年をしていつまでも経済事件を追い続ける自分の「事件バカ」ぶりに、思わず苦笑いしていた。その業の深さは残念ながら、フリーになった今も変わらない。

本書は自分の取材体験をもとに、記者やデスクとして深く関わった経済事件を10件選び出し、手元に残していた取材メモや資料を読み返しながら、事件の再構成を試みたものだ。〝極悪非道の大悪人〟のように指弾された事件の当事者が、公判を綿密に傍聴したり、時間をおいて取材し直してみると、実は冤罪の被害者だったというケースも珍しくない。これは東京地検特捜部など捜査当局が流す虚々実々の情報を、大手マスコミが疑いもせずにたれ流しているために起こる現象だが、私自身もその世界からスピンアウトするまで、情報操作の片棒を担ぐ一人だったことは否めない。そこで本書では、改めて事件の実像に迫ろうと心掛けた。本書の中に、報道された当時とは様相がかなり異なる事件があるのはそのためだ。

また「事件」という呼称だが、マスコミ報道では、容疑者の逮捕権を持つ捜査機関（主に各都道府県の警察本部と検察庁。強制調査権しか与えられていない国税局査察部や証券取引等監視委員会特別調査課は、検察庁に告発する）が立件（警察や検察による逮捕、または査察部などによる告発→検察庁による起訴）したものに限って使われる。例えば第4章は、NHK記者は立件されずに課徴金納付で処理が終わっているため、本書も「事件」ではなく「問題」とした。なお文中の年齢は原則として立件された時点（第1章と第4章は第三者委員会の報告書が公表された時点）のもの。敬称は省略しました。

会社はいつ道を踏み外すのか——経済事件10の深層

目次

1　東芝「不正経理」問題（2015年）

歴代3社長はなぜ「チャレンジ」を求め続けたのか？

「2015年3月期連結決算の発表を6月以降に延期し、期末配当を見送る」

15年5月8日、日本を代表する総合電機メーカー「東芝」の突然の発表を、ご記憶の方も多いだろう。15年3月期のグループ全体の売上高約6兆5000億円、従業員数約20万人という超巨大企業の東芝では、決算に対する監査は何重にも行われる。予定していた決算発表の延期など、通常はあり得ない。

それから1週間後の同月15日、ようやく記者会見を開いた社長の田中久雄は「決算発表できず、期末配当を5年ぶりにゼロ円としたことを心より深くおわび申し上げます」と謝罪した。実は東芝は、この会見の3ヵ月前の2月12日、証券取引等監視委員会（SESC）から金融商品取引法26条に基づく報告命令を受け、原子力発電システムなど社会インフラ関連事業の会計処理に関する開示検査を受けていた。SESCには14年末、東芝内部から「社会インフラ事業で不適切な会計が行われている」という告発の証拠書類が持ち込まれていた。そんな状態では、5月下旬の決算発表など許されるはずもなかったのだ。

東芝では08年度から約7年間にわたり、西田厚聰《あつとし》（71、社長在任期間05年6月～09年6月）、佐々木則夫（66、同09年6月～13年6月）、田中久雄（64、同13年6月～15年7月）の歴代3社長が「チャレンジ」と称し、不振の事業部門に利益の上積みや損失の圧縮を厳しく求めた。その結果、税引き前損益は約2248億円も水増し（利益は嵩上《かさあ》げ、損失は圧縮）されていた。

その背景には08年9月のリーマン・ショック後に起きた世界的な景気後退や、社運を賭けて買収した米原子炉技術大手「ウェスチングハウス・エレクトリック・カンパニー」（WE）の業績が、11年3月の東京電力福島第一原子力発電所の事故を受けて劇的に悪化するといった、想定外の大きな変化があった。西田と佐々木という個性的で親分肌の2人による確執も、不正会計の遠因となったと言われる。

SESCは、パソコン事業部門などの利益水増しに金融商品取引法違反（有価証券報告書の虚偽記載）の疑いがあるとして、東京地検特捜部への告発を視野に調査を進めた。

「上司に逆らえない風土」の名門企業で、不正会計問題は、なぜ起こったのか。

巨費を投じて米原子炉技術大手企業を買収したが……

東芝は「からくり儀右衛門」と呼ばれた江戸時代末期の発明家、田中久重（初代）が1875年に創設した電信機工場、田中製造所がその原点だ。1939年に芝浦製作所と東京電気が合併し、東京芝浦電気が誕生。以来、石坂泰三（第4代）と土光敏夫（第6代）という2人の社長が〝財界総理〟と呼ばれる経団連（現・日本経団連）会長のポストに就いた名門企業だ。

チャレンジを言い始めた西田は1943年、三重県の生まれ。早稲田大学第一政治経済学部を卒業し、東大大学院で政治学を学んでいる時、官費留学していたイラン人女子学生と恋に落ち、帰国した彼女を追ってイランに渡った。その彼女と結婚し、27歳で東芝と現地資本の合弁会社に入社したあと、75年に31歳で東芝本社に入社した。「10年遅れの新入社員」から社長にまで上り詰めた、超異端児のロマンチストだ。

80年代にはパーソナルコンピューター（ＰＣ）事業の立ち上げに携わり、同社のＰＣ

「ダイナブック」シリーズを世に送り出す功労者の一人となる。95年にパソコン事業部長になると、97年に取締役、98年に常務と出世の階段を駆け上がり、2005年6月に第15代社長に就任した。

社長在任期間中には「事業の選択と集中」を掲げて半導体事業などに投資。中でも06年2月に54億ドル（当時の為替レートで約6467億円）の巨費を投じて買収したWE社は、東芝と西田にとって社運を賭けた買い物だった。当時のWE社の純資産は2456億円で、東芝は4011億円もの差額プレミアムを支払ったことになる。

原子炉には沸騰水型と加圧水型の2種類あり、東芝はそれまで米国の「ゼネラル・エレクトリック」（GE）から沸騰水型の技術を導入し、日本で原発を建設していた。日本では両方式がほぼ半々なのに対し、原発大国のフランスなど世界の潮流は加圧水型。そしてこの加圧水型原子炉を世界展開していたのがWE社だった。

「WE社が東芝グループの一員になることは、極めて重要な意味を持つものです。沸騰水型、加圧水型の両方式を推進するリーディングカンパニーを目指します。WE社が当社グループの一員となることにより、当社原子力事業の規模は、相乗効果も合わせると、15年までに現状の約3倍に拡大すると予想しています」

ＷＥ社買収の発表文からは西田の高揚感がストレートに伝わってくる。そして、この買収交渉で西田の片腕として働いたのが、のちに後継社長となる佐々木だった。49年に東京で生まれ、早大理工学部機械工学科を卒業して72年に東芝に入社した佐々木は、最初の仕事が東電福島第一原発の配管の設計。原子力事業部長を経験した、文字通りの原発エキスパートだ。自分と二人三脚でＷＥ社の買収交渉をまとめ、東芝の原子力事業を急拡大させた佐々木に対し、西田は信頼感を高めた。

西田の社長就任直前の05年3月期には売上高5兆8361億円、税引き前利益1112億円だった東芝の連結決算は、3年後の08年3月期には売上高7兆4042億円、税引き前利益2580億円に拡大。西田の社内の出身母体で、自らの影響力を最も強く行使できるＰＣ事業も、価格競争激化に伴う00年代前半の赤字体質から脱却し、08年3月期には売上高1兆404億円、営業利益412億円と、ＰＣ事業として過去最高の業績を収めた。「選択と集中」で東芝を成長軌道に乗せた西田は、キヤノン会長の御手洗冨士夫に続く第12代日本経団連会長と目された。

だが好事魔多し。07年末以降の米国のサブプライム住宅ローン危機と、08年9月のリーマン・ショックに伴う景気後退によって、半導体需要が世界的に減少を始める。こうした中で08年5月から始まったのが、不振の事業部門に対する西田の「チャレンジ」要求だった。09年3月期（08年度）の東芝の連結決算は、売上高が6兆5126億円と前期比12％も落ち込み、税引き前損益は一気に2614億円の赤字に転落したと発表されたが、「チャレンジ」で損失を圧縮しなければ、赤字額は3361億円に膨らんでいた。

「100億の改善、死に物狂いでやってくれ」

東芝の第三者委員会が15年7月に公表した調査結果に沿って、パソコン事業部門を中心にチャレンジの実態を見てみよう。第三者委が調査対象としたのは西田、佐々木、田中の歴代3社長が在任していた08年4月から14年12月までの6年9ヵ月。決算期でいうと09年3月期から14年3月期までの本決算と、14年4〜12月の3回の四半期決算に該当する。第三者委は西田が社長を務めていた09年3月期決算から利益水増しが始まり、それが佐々木、田中の社長時代も継続していたと断定した。

東芝はPCや電力システムといった事業部門ごとに独立採算の「社内カンパニー制」を採用し、社長が各カンパニーを統括する制度になっている。歴代3社長は、東京・芝浦の本社で毎月開かれる事業報告会「社長月例」に、各カンパニーや主要子会社の責任者を呼び寄せ、予算（業績見通し）を達成できていない事業部門の責任者を糾弾した。社長が「チャレンジ」と称して示す数値目標は、必ず達成しなければならないノルマとして重くのしかかり、結果的に利益水増しによる不正な会計処理の原因となる。

第三者委が「ＰＣ部門の利益水増しの手法」として指摘したのが「バイセル（Ｂｕｙ－Ｓｅｌｌ）」と呼ばれる取引を利用したＰＣ部品の「押し込み販売」だ。舞台になったのは、テレビやＰＣなどの部品を仕入れる目的で01年3月に台北市に設立された現地法人「東芝国際調達台湾社」（ＴＴＩＰ）。総経理（社長）の石川隆彦は田中と同じ資材部門の出身で、設立から15年間の長きにわたってその地位にあった。利益の嵩上げは各四半期末のタイミングで行われていた。

バイセル取引とはＴＴＩＰが調達した液晶やメモリーなどＰＣの主要部品について、台湾のＰＣ製造委託業者に調達価格の5倍近い「マスキング価格」と呼ばれる割高な価格で買い取らせ、「マスキング値差」（上乗せ分）を含めた価格で完成品を買い戻す手法。東芝の部品の調達価格が委託業者から競合他社に漏洩するのを防ぐ目的で始められた。東芝側には一時的に見かけ上の利益が上がるが、部品が割高な分だけ委託業者側の製造原価も上がり、完成品の買い戻し価格も高くなるので、最終的に東芝側には利益が出ない。

東芝側は四半期末の3月、6月、9月、12月になると、台湾のPC製造委託業者と事前に交渉した上で、必要以上の数量の部品をマスキング価格で販売して利益を水増し計上し、翌月以降に委託業者から完成品を買い戻していた。このやり方は社内で「押し込み」「借金」などと称され、この繰り返しで利益を嵩上げした結果、PC事業の税引き前損益の不正額は578億円と全体の4分の1を占め、事業部門別で最大になった。

第三者委報告書は「西田が部品の押し込みで見かけ上の利益が嵩上げされていたことを認識し、それを許容していたとは認められない」としながらも「出身母体のパソコン事業について熟知し、バイセル取引の仕組みについても把握していた西田が、PC社（パソコン事業部門）に収益改善の高いチャレンジを課してその必達を求めたことにより、PC社は部品の押し込みを実行せざるを得ない状況に追い込まれた」と指摘している。以下に具体例を挙げるが、PC社はいずれの場合も西田のチャレンジ要請に応えて利益の嵩上げや、損失の圧縮を行っている。

【08年度上半期】　08年7月の四半期報告会と8月の社長月例で、ＰＣ社の社長から08年度上半期の営業利益見通しが１４８億円にとどまることを聞かされた西田は「（米国のサブプライム住宅ローン危機の深刻化で）全社が大変な状況。営業利益プラス50億円のチャレンジをお願いしたい。何としてもやり遂げて欲しい」と利益改善を強く求めた。
【同年度第３四半期】　サブプライムローン危機はその後、リーマン・ショックに発展し、ＰＣ社の業績は一気に赤字転落する見通しに。11月と12月の社長月例で「08年度第３四半期の営業損益は１８４億円の赤字見込み」との報告を受けた西田は「いくら為替が悪いと言っても話にならない。とにかく半導体が悪いのだから（営業利益１０１億円の）予算を達成してほしい」（11月）「こんな数字恥ずかしくて、（1月に）公表できない」（12月）と叱責を繰り返した。
【同年度下半期】　09年1月の社長月例でも「08年度下半期の営業損益は１８４億円の赤字見込み」と報告された西田は、事業売却までちらつかせて目標達成を迫った。
「１００億円改善がミニマム（最低限）。死に物狂いでやってくれ。このままでは再点検グループ（撤退も含めた事業見直しの対象）になってしまう。事業を持っていてもしょうがない。『持つべきかどうか』というレベルになっている。それでいいならプラス

100億やらなくていい。ただし売却になる。事業を死守したいなら最低100億円やること。頑張れ」

翌2月の社長月例で「下半期の（184億円の）赤字見込みが（更に53億円増えて）237億円になる」と報告を受けた西田は、赤字を160億円減らすチャレンジを求めた上で、さらに「PC事業で最低でも年間100億円、3桁の利益を出せ」「年間営業利益3桁を死守せよ」などと強要した。

諍いを始めた西田と佐々木

リーマン・ショックの波をまともに受けて業績が下降トレンドに入った09年6月、西田はともにWE社買収交渉を進めた佐々木に社長のバトンを渡す。佐々木は典型的な技術屋。社内外の人物評は「原子力バカ」「独善的」「幼稚」などと芳しくなかったが、西田にとって後を託せるのは佐々木しかいなかった。この時期、半導体の在庫がリーマン・ショック後の需要減少によって積み上がり、価格が急落していた。自分で定めた「選択と集中」の2本柱のうち、半導体事業が思うに任せなくなった西田が、もう一本の柱の原子力事業を率いる佐々木を自分の後任に選んだのは、ある意味で当然のことだった。西田の出身母体のPC事業は、もはや収益の柱ではなかった。

09年3月の社長交代会見で、西田は隣に座る佐々木を「東芝の原子力事業をグローバルに飛躍させた。私の右腕」と持ち上げた。社長としての資質を疑問視する声には「地位が人を作る。社長になれば自ずと俯瞰的に（経営を）見られるようになる。心配はいらない」と擁護した。

西田と同様、佐々木もPC事業部門にチャレンジを求めた。09年10月の社長月例で「押し込み販売で嵩上げした利益分を精算して、09年度第3四半期に247億円の営業損失を計上する」と説明したPC社社長に対して、佐々木は「一番会社が苦しい時に、ノーマルにするのは良くない考え。話がちょっとおかしくて、PCのためにも、東芝のためにもなっていない」と一蹴する。11年1月の10年度下期四半期報告会でも「自分たちの予算はこうだけど、借金（押し込み販売で上げた利益）は下期予算を下回っても返済するということであれば、自分の安全、会社の危険だ」と、不正会計を取り止めようとする動きを牽制した。

実は西田と佐々木の蜜月は短期間で終わっていた。ともに親分肌の性格ながら、大学院生時代に交際したイラン人女子留学生を諦め切れず、イランまで追いかけて結婚したロマンチストの西田と、原発一筋で技術屋の佐々木。もともとウマが合うはずはなかった。会長に就任した西田の口からは、社長交代から1年も経たないうちに「地位が人を作らないこともあるようだ」と、佐々木を批判するボヤキが漏れ始める。さらに取締役会では「こんなことではダメだ。なっていない」(西田)「お言葉ですが」(佐々木)などと諍いを始めるようになった。

福島第一原発事故で劇的に悪化したWE社の業績

こうした中で11年3月11日、東日本大震災が発生する。東芝が設備を納入した東電福島第一原発は津波で電源を喪失し、メルトダウンによるレベル7の重大事故を起こした。世界の原発建設は完全にストップし、東芝の希望の星だったWE社の業績は劇的に悪化。WE社は単体で13年3月期(12年度)に約1060億円、14年3月期(13年度)に約700億円の損失を計上し、2年続けて合計約1156億円を減損処理した。ところが東芝は、最初に減損処理の可能性が判明してから2年半以上経った15年11月12日になるまで、WE社が減損処理していた事実を公表しようとしなかった。

内外から湧き上がる不信の声に対して、東芝は「WE社は原発の燃料や保守、管理で安定した収益を上げており、13年3月期と14年3月期は全体としてバリュー（価値）がある」と主張。WE社買収に伴い、自らの連結財務諸表に資産として計上していた3508億円の「のれん代」は、頑として減損処理しなかった。

「のれん代」とは、企業が長年培ってきたブランドやノウハウ、さらには顧客との関係や従業員の能力など「形として評価できない固定資産」（無形固定資産）の評価額のこと。具体的には買収した方が買収された方に支払った額と、買収された方の純資産額との差額を「のれん代」と呼ぶ。06年4月からは20年以内に毎年同額を償却することが義務付けられたが、東芝が使う米国会計基準にはその義務がなく、毎年実施する「減損テスト」と称する点検で見直すことになっている。

減損処理とは、固定資産から生み出される収益の低下により、資産に対して行った投資の回収が見込めなくなった場合、その分を損失として計上し、その資産の帳簿価額を切り下げること。日本の上場企業は、05年4月以降の会計年度から実施が義務づけられた。

ちなみに、東芝がWE社関連の「のれん代」の減損処理を頑なに回避したのは、本来の東芝の監査法人である「新日本監査法人」ではなく、「監査法人トーマツ」を傘下に持つ「デロイトトーマツ・グループ」が入れ知恵したことが原因とされている。東芝の第三者委には、監査法人トーマツのOBが委員として参加しており、不正会計の原因を探った第三者委の報告書には、WE社の経営問題はなぜか登場しない。

3日で120億円の赤字削減求める

この間にも、西田と佐々木の確執は、ますます深まっていった。西田の見るところ、佐々木は09年6月の社長就任以降、年度初めに立てた売り上げ目標を一度も達成できていない。固定費のカットで利益は上がっても、それは将来の成長の目を摘んでいるのも同然だった。留学の経験がないため、海外の投資家に自らプレゼンする英語力を持たず、社内で会議ばかりやっている。株価も西田の任期中にはライバルの日立製作所を上回っていたのに、佐々木が社長になってからは逆転されてしまった……。

赤の他人にとっては、自己愛の強いナルシストの西田が自分と違う個性の佐々木を非難しているとしか思えないのだが、西田は佐々木降ろしを決意。12年6月の株主総会が終ったあと、西田は佐々木に直接「来年は代わってもらうよ」と伝えた。しかし佐々木は「あと1年やらせてください」と応えたという。

不振の事業部門に対する佐々木の「チャレンジ」の圧力は、このあとさらに厳しくなる。12年9月20日の社長月例で、上半期の営業損失見込みが201億円となるDS社(PC社と映像事業のVP社が統合された社内カンパニー)の社長が「80億円の改善(圧縮)にチャレンジする」と報告。これを聞いた佐々木は「未達のカンパニーがあると全社で予算未達になる。それなのに、自分たちの提出値を守りますというだけ。まったくダメ。やり直し」と厳しく叱責した。

1週間後の同月27日に再度開かれた社長月例で、「DS社の上半期の損失がさらに拡大し、248億円に達する」との報告を聞いた佐々木は、上半期末までの残り3日間で赤字を120億円減らすよう強く求め、改善策を翌日報告するよう指示した。これを受けてDS社は翌日、119億円の損益対策を実施すると説明し、佐々木の了解を得た。

佐々木はこのように、四半期末まであと数日しかない段階で、困難なレベルのチャレンジを求める傾向が強かったという。不正な会計操作をせずに、それほど短期間で収益を改善できると本当に思っていたとは、とても信じ難い。佐々木の脳裏には「来年には代わってもらう」という西田の言葉が、常にこだましていたのだろうか。

アポなしの週刊誌記者に心情を吐露

13年2月26日。東芝は社長交代会見を開き、副社長の田中の社長昇格を発表した。パソコンの資材調達や生産を担当した田中は海外駐在が長く、戦略企画の担当を通じて東芝グループ全体を見てきた経験があった。

だが田中の新社長就任以上に話題を呼んだのは、西田が会長に留任し、佐々木が新設の副会長ポストに就任するという前代未聞の人事だった。東芝には社長交代と同時に会長が相談役に退く慣行があったが、西田はそれを敢えて破ったのだ。

さらに経済界が驚いたのは、佐々木との社長争いに敗れて12年に常任顧問に退いた元副社長の室町正志（65）が、取締役に復帰したことだ。西田は海外経験のある田中を社長に据え、後を託すに値しないと判断した佐々木を中2階の副会長ポストに棚上げにした上で、子飼いの室町を会長含みで取締役に復帰させた（1年後、西田は会見での宣言通りに会長職を退いて相談役に就任したが、後任に据えたのは大方の予想通り、佐々木ではなく取締役の室町だった。すべて西田の描いたシナリオ通りだったことは、想像に難くない）。

しかもこの会見で、西田と佐々木は醜態を演じる。西田は「（新社長には）もう一度、東芝を成長軌道に乗せてほしい」「一つの事業しか経験していない人が（会社全体を）見られるかといえば、見られない」「利益が出ていても売上高が落ちてはダメ」とあからさまな佐々木批判を開陳。すると佐々木は「業績を成長軌道に乗せるという私の役割は果たせた」と、真っ向から西田に反論した。

この3ヵ月後の同年5月下旬、講談社の週刊誌『週刊現代』に驚くべき記事が掲載された。タイトルは「スクープ！『社長をクビにした理由』を本誌にぶちまけた！東芝のサプライズ人事　西田会長がその全内幕を明かす」。自宅へ取材に来た同誌の記者に、西田が佐々木批判を思う存分繰り広げたのである。

「佐々木体制のこの4年間は、僕が期待したようなものではありませんでした。（13年3月期の）決算も（昨秋に）２６００億円の利益目標を掲げて『やります、やります』と言っておきながら、結果は２０００億円にも届かなかった。佐々木を社長に選んだ僕にも責任はありますが、このままでは東芝の将来がとんでもないことになってしまうと思ったのも事実です。社長を新しい人に代えて、もう一度東芝の再生を図らないと、大変なことになってしまう」

おそらくは事前のアポなしで自宅を訪ねた週刊誌の記者に、心情をここまで正直に吐露してしまう西田。私たち取材する側にとっては拝みたくなるほど有難い経営者だが、日本を代表する大企業のトップとしては正直なところ、いかがなものなのか。

四半期末の営業利益が売上高を上回る⁉

ＰＣ部品の押し込み販売による損益の嵩上げ（いわゆる「借金」）が行われた結果、パソコン事業の月別の損益状況は12年9月から14年12月まで、四半期末の3月、6月、9月、12月の営業利益が売上高を上回る異常な事態が続いた。言うまでもなく、利益は売上高から仕入れなどの経費を差し引いたもので、これが売上高を上回ることなど、天地がひっくり返っても起き得ない事態だ。

さすがに社長が田中に代わったあとの13年末以降、この異常事態の解消策が検討された。14年2月の田中の了承を受け、ＰＣ部品の押し込み販売の削減は14年度第2四半期から実行に移された。同年度第3四半期末には、押し込み販売による損益の水増し額は392億円にまで減少したと推計されている。

その一方で、営業損失の計上を続ける映像事業は佐々木、田中から厳しい「チャレンジ」を求められることが珍しくなく、撤退すらちらつかされた。13年8月、田中は映像事業幹部に対して「第２四半期損益が第１四半期と同じなら、テレビ、パソコン、家電事業で全世界から撤退することを考えざるを得ません。決して脅かしではありません」と話した。このため映像事業部門は、販売会社が販売促進費やリベートなどの費用の計上時期をずらしたりする不適切な会計処理を行い、当期利益を嵩上げした。

14年2月の社長月例。田中は「どんなことがあっても赤字を20億円までに収めなさい。資金収支は前回悪化分プラス１００億円の改善にチャレンジ」と指示。翌3月の社長月例では「テレビは何だ、この体たらく。赤字ならテレビ事業を止める。映像の損益は最低でも65億円の損失から19億円の利益に改善すること」と叱責した。

その３ヵ月後の6月の社長月例。田中は「映像は一体何をやっているのでしょうか。年間で赤字額が２００億円を超すような事業は全面撤退しかありません。現地法人の社員は全員解雇して全面撤退するしかないでしょう。先日の会議で米国からの撤退だけでも抵抗していたのを覚えていますよね？　いい加減にしてもらいたいとしか言いようがありません」とカンパニーの社長を罵倒した。パソコン部品の押し込み販売こそ削減したものの、田中もやはり前任者らと同様のチャレンジを求めていたのだ。

「不正会計を求めたとは認識していない」

東芝に第三者委の報告書が提出された翌日の15年7月21日、田中、佐々木、西田の歴代3社長が不正会計の責任を取り、同日付で当時の役職をそれぞれ辞任。会長の室町が暫定的に社長を兼務する人事が発表された。佐々木は経団連副会長も辞任した。

会見には田中と室町のみが出席し、西田と佐々木は姿を見せなかった。冒頭で「140年の東芝ブランドイメージの最大の毀損。重大な経営責任は経営陣にあり、その責任を明らかにするために辞任する」と頭を下げた田中だったが、「不適切な会計処理を要求したとは認識していない」と強調し、チャレンジという言葉に関する見解を示した。

「私自身は目標必達と言っていた。チャレンジという言葉は使っていません。報告書ではプレッシャーを与えたという記述をいただきましたが、目標を掲げることは悪いことではありません。それが実現可能なレベルか、不可能なレベルか、受け手の解釈や認識があるのではないかと思っています。今後は予算の組み方や達成状況の確認をどうすべきなのか、経営刷新委員会の議論の中で対応することになります」

田中は「私自身が誰かから何かプレッシャーを受けていた認識はない」とした上で、

「社内の派閥抗争やWE社の業績不振が、不正会計の背景にあるのでは」とする記者の質問に対して「そのような認識は全くない」と断言した。

ついにWE社の「のれん代」を減損処理したが……

そして15年9月7日、東芝は懸案だった同年3月期の連結決算の発表にようやく漕ぎ着けた。半導体や家電事業での減損処理や、税制改正に伴う繰り延べ税金資産の取り崩しで収益が悪化、最終損益は378億円の赤字に転落した（前期は602億円の黒字）。さらに16年3月には、新たに7件、合計58億円の税引き前利益の水増しが発見され、水増し総額は2306億円に拡大した。

不正会計発覚後の業績不振の影響により、家電やPC、それに半導体の一部で、人員の再配置と早期退職を含む大規模なリストラが進められた。内外で1万4450人が削減され、早期優遇退職の特別加算金や再就職支援サービスに約420億円が支出された。

不正会計の発覚によって危機的状況に陥った財務状況を打開するため、東芝は16年3月17日、年間200億円前後の営業利益を上げている子会社「東芝メディカルシステムズ」（TMSC）をキヤノンに売却。これで得た収入6384億円を16年3月期に「フリー・キャッシュ・フロー」（経営者が自由に処分できる手元資金）に計上し、財務体質の強化を図った。

さらに4月26日、社長の室町はついにWE社の「のれん代」を16年3月期に約75%減損処理する（減損額は２４７６億円）と発表した。ほとんどの関係者は「ＴＭＳＣ売却で、減損処理の原資ができたからに違いない」と考えたが、室町はＴＭＳＣ売却との関連を否定したうえで、「当社の財務状況の見通しが著しく悪化し、資金調達コストが上昇したため、当社が採用している米国の会計基準に従って『のれん』の価値を再算定した結果、減損処理の必要が生じた」と釈明。「原子力事業が予定通りの収益を上げられなくなったから減損処理した」との見方を否定し、「原子力事業の事業性に変化はなく、将来計画に重要な変更もない」と強調した。

16年5月12日に発表（同月23日に一部訂正）された同年3月期の連結決算は、ＴＭＳＣの売却益３７５２億円を計上する一方、リストラや事業整理に伴う１４６１億円の構造改革費や、原発事業や電力関係事業の資産価値の低下で発生した損失４５２１億円を計上したことにより、最終損失は過去最大となる４６００億円に膨らんだ。

同期末の連結の株主資本は前期末比７５５１億円減少の３２８９億円、株主資本比率は同11ポイント低下の６・１％と、財務体質は依然として危険水域にある。また東芝単体では、純資産額（総資産から負債額を除いた金額）が、株主から集めた資本金と、法定準備金（会社法で企業が積み立てを義務付けられている準備金）の合計額を下回る「資本欠損」の状態にあったことから、これを解消するため、７月末に東芝単体の資本金を減資した。

16年６月の株主総会では、ワンポイントリリーフの社長だった室町が退任し、副社長の綱川智が社長、同じく副社長で原発畑の志賀重範が会長に就任する人事が承認された。だが東芝を取り巻く外部環境に変わりはなく、綱川新体制の先行きは極めて厳しい。

歴代３社長の刑事告発見据えるＳＥＳＣ

東芝が不正会計発覚後の経営体制の立て直しに奔走する一方で、ＳＥＳＣは西田、佐々木、田中の歴代３社長の告発に向けて調査を続けている。東芝は15年12月、金融庁から過去最高となる73億７３５０万円の課徴金支払いを命じられたが、ＳＥＳＣは、歴代３社長が各事業の幹部に利益目標の達成を強く迫っただけでなく、ＰＣ事業ではバイセル取引を悪用した利益水増しの手口も認識していたとみて、歴代３社長やＰＣ事業の決算処理に関与した社員らを事情聴取。刑事告発に向けて東京地検特捜部と協議した。

しかし特捜部はバイセル取引には実体があるうえ、会計処理についても有価証券報告書に虚偽の記載をしたとまでは言えないとみて、立件は難しいと判断しているようだ。

15年11月、東芝は株主の提訴請求を受けて歴代3社長を含む5人に計32億円の賠償を求める訴訟を起こしたが、更に16年5月には、大阪府内の株主が室町ら現役（当時）を含む役員11人に総額27億円の損賠賠償を求める株主代表訴訟を起こした。

想定外の出来事と個性的な社長のプライドが原因となった、日本を代表する大企業の不正会計問題。「上司に逆らえない風土」の組織しかない日本社会では、すべてのサラリーマンにとって明日は我が身の問題だ。

2 山一證券「飛ばし」事件（1997年）

老舗証券を破綻させた「エリート」の資質とは何か？

1897年創業の証券業界の老舗、山一證券。野村、大和、日興（現・SMBC日興）と並んで「4大証券」と呼ばれる存在だった。東京オリンピック後の不況によって、1965年5月に事実上の経営破綻状態に陥ったが、時の大蔵大臣田中角栄の決断による日銀特融で立ち直り、株価が高騰を続けた1980年代後半のバブル期には、大口顧客との間で「にぎり」（後述）と呼ばれる事実上の利益保証を行って業績を急激に拡大した。

山一は業界内で「法人の山一」と呼ばれ、社債や株式など企業が発行する有価証券の販売を引き受けたり、企業に有価証券を販売したりする「事業法人部門」（通称「事法《じほう》」）が社内で幅を利かせていた。だがバブル崩壊に伴う株価暴落によって、顧客企業と「にぎり」を交わしていた株式に巨額の含み損が発生する。大切な顧客から対応を迫られた山一は「飛ばし」(後述)と呼ばれる手法を使い、株式の含み損の表面化を防ぐべく画策したが、91年秋には「飛ばし」の引き受け手も払底。万策尽きた山一は複数のペーパー会社を内外に設立し、含み損を抱えた株式を顧客企業から引き取って隠匿した。

帳簿上に現れないこうした「簿外損失」は97年3月末に2718億円余りに達し、大蔵省(現・財務省)から自主廃業を迫られた山一は同年11月24日、再建を断念。98年3月末で全支店を閉鎖した。99年6月には東京地裁から破産宣告を受け、2005年2月に破産手続きが終結。1世紀を超える歴史に幕を下ろした。

大多数の社員や店舗は米国の大手証券会社「メリルリンチ」(現・バンクオブアメリカ・メリルリンチ)が設立した「メリルリンチ日本証券」に移籍・譲渡された。本体だけで約7700人、グループ全体で約1万人と言われた社員を絶望の淵に叩き落とした名門証券会社の破綻の軌跡を追う。

「にぎり」「営業特金」「一任勘定」……、闇の舞台裏

「みんな私ら(経営陣)が悪いんであって、社員は悪くありませんから！　どうか社員に応援をしてやってください。優秀な社員がたくさんいます。よろしくお願い申し上げます。私らが悪いんです。社員は悪くございません！」

東京証券取引所の兜記者倶楽部で97年11月24日午前11時半から開かれた、自主廃業発表の記者会見。「社員にはどのように説明するのですか」と尋ねられた社長の野澤正平（59）は、やおらマイクを握って立ち上がり、いかつい顔を涙でくしゃくしゃにしながら、このセリフを絶叫した。バブル崩壊後の日本社会の危機的な様相を象徴する名言（迷言？）として、今も人々の記憶に深く刻まれている。

野澤は38年生まれ。長野県の県立高校を卒業し、貧乏だった実家で畑仕事を3年間手伝ったあと、法政大学経済学部を卒業し、64年に山一に入社した。傍流の個人営業畑を中心にキャリアを積んだが、専務取締役だった97年8月11日、前任社長の三木淳夫（62、東大法学部を卒業し60年に入社）から突如として社長のポストを譲られる。当時の山一はすでに2700億円を超える簿外損失を抱えていたが、山一の実権を握る会長の行平次雄（66、一橋大法学部を卒業し55年に入社）や三木は、簿外損失の存在を野澤に全く引き継がないまま退任。野澤は三木から「いろいろあるけれど、よろしく頼みます」としか告げられなかった。

社長就任の5日後に、事情を知る2人の取締役から簿外損失の存在を報告された野澤は、ショックのため椅子からしばらく立ち上がれなかった。ともに監督官庁の大蔵省と折衝する企画室長を歴任した社内エリートの行平と三木にとって、私大卒のうえに傍流の個人営業畑が長かった野澤は、たとえ後任の社長に指名したとしても、機密情報の簿外損失の存在を伝える相手ではなかったということになる。

山一が破綻崩壊した原因は、バブル期の日本の証券業界で流行した「にぎり」と「一任勘定」だった。「にぎり」とは、事業法人（金融機関以外の企業）を担当する証券会社の営業マンが、顧客の企業に対して利回り保証を行った上で、「銘柄、株数、価格、売り買い」を一任されて、株式を売買すること。証券会社が企業に「100億円を年6％の目標で運用します」などと目標利回りを約束するので、俗に「にぎり」と呼ばれた。

「86年ごろの『にぎり』の相場は年8％程度でしたが、政策金利の公定歩合の引き上げで金利が全般に上昇したバブル末期の89年ごろは10％を超えていました。証拠が残るので紙（契約書）には残さないしきたりでしたが、山一は顧客企業から強く要求されて普通に書いていました」（大手証券会社の元事業法人担当者）

株価が上昇を続けていれば、証券会社が提示した利回りの目標は達成できるので、現実的には何の問題も起きない。だが、バブル崩壊後の株価の暴落局面では目標利回りを達成できず、「単なる目標に過ぎず、約束したのではない」と主張する証券会社と、「〇%の利回りを保証すると約束した」と主張する企業との間でトラブルが続発した。

こうした「にぎり」は、証券会社の法人営業マンが自ら顧客の資金を運用する特定金銭信託、通称「営業特金」で頻繁に行われていた。

「特金」を使った有価証券の売買は、顧客自身か、顧客が契約した投資顧問会社が、顧客の運用資金を預かった信託銀行に「銘柄、株数、価格、売り買い」の指示を出す。信託銀行はこれを証券会社に発注し、証券会社が注文を執行する。ところが「営業特金」では、顧客から「銘柄、株数、価格、売り買い」を任された証券会社の法人営業マンが顧客企業に代わって有価証券を売買し、信託銀行にはその結果を事後報告していた。

「特金の本来の手続きを踏んでいると売り買いのタイミングを逃しかねないし、投資顧問会社と契約を結べばアドバイス料を取られる。それに当時の日本の一般企業には、運用知識の豊富な社員などいなかった。営業特金の誕生の背景にはこうした事情がありました。営業特金と『にぎり』は一種のセットで、営業特金は別名『にぎり特金』と呼ばれていました」（大手証券の元事法担当者）

証券会社は営業特金を使って短期売買を繰り返し、当時は固定制だった手数料を好き放題に稼ぐことができた。顧客企業としては不必要な手数料の増加がコスト高につながるものの、株価が右肩上がりの状況下では、そんなことは大した問題ではなかった。

さらに証券会社にとっては、営業特金の他にも「打ち出の小槌」が存在していた。証券会社自身が顧客企業から資金を預かり、これを好き勝手に運用できる「取引一任勘定」がそれだ。顧客企業と証券会社しか詳細を知らない取引一任勘定は「にぎり」の最たるもので、証券会社はさらに手数料を稼げる一方で、営業特金を上回る高利回りを顧客企業に約束しなければならない「諸刃の剣」だった。

山一の事法部門はこの取引一任勘定で預かった資金を「プロパー」、営業特金とプロパーの資金を総称して「ファンド」と呼んでいた。

「飛ばし」という麻薬

営業特金は山一だけでなく、他の証券会社でも大手を振って活用されていた。日頃からこれを問題視していた大蔵省証券局は89年末、大和証券が70年代に大口顧客に行った損失補塡が発覚したのを契機に、営業特金を90年3月末までに解約するよう証券会社を指導。年が明けて90年になると、営業特金の解約に向けた売り物が殺到して株価は大暴落する。そうした環境下で証券会社側から営業特金の解約を求められた企業は、解約と引き換えに株価暴落で発生した損失を補塡するよう証券会社に迫った。

野村、大和、日興、山一の大手4社は証券局の暗黙の了解のもとでこれを実行していく。4社の損失補塡総額は90年12月末までに1718億円余りに上ったが、その中で最も多額の補塡を強いられたのが収益額最下位の「法人の山一」だった。619億8800万円の補塡額は、収益額トップの野村の2・2倍にも達した。

企業から株価暴落への対応策を求められた証券会社が、損失補塡以外に採った手法。それが「飛ばし」、別名「一時疎開」だった。

飛ばしとは、保有する株式などの有価証券に含み損が発生している企業が、これを決算で表面化させないため、該当する株式を決算期の異なる企業に一時的に引き取ってもらう取引のこと。こうした取引は証券会社が仲介し、市場外の相対で行われた。

飛ばす側をA社、飛ばしの受け手をB社としよう。飛ばしは、表面的にはあくまでも株式を担保にした資金の貸し借り。B社は該当する株式をA社の簿価（購入時の価格）で買い取り、買取額に相当する金額をA社に融資する。そして決算期末を越えると、A社はB社から融資された資金を使い、B社に一時的に引き取ってもらっていた株式を買い戻す。

A社がB社から融資された資金を使って株式を買い戻す際は、謝礼に相当する金額を上乗せして支払うが、B社が金融機関からの借り入れで買い取り資金を調達している場合には、これにかかった利息分も上乗せする。

こうした買い戻し条件付きの有価証券の売買は「現先取引」と呼ばれ、有価証券を担保にした短期間の資金調達の手段として、今も広く利用されている。株式は債券に比べて価格変動リスクが高く、現先取引には馴染まないとされているが、こうした飛ばしが目的の「株現《かぶげん》」は当時、日常的に行われていた。引き受ける側としても、仲介する証券会社から「有価証券の損失分は負担させない」と確約されているうえに、上乗せされる金利が大口定期預金より高いので「財テクの有効な手段の一つ」と認識されていた。値下がりする株式は、株価が全般に上昇している局面でも必ず存在するため、株価水準が高いうちは「買い取り資金の工面さえできれば受け手になる」という企業が多かった。

ところが株価はその後も一向に下げ止まる気配を見せない。飛ばした株式を買い戻さない企業が登場し、仲介した証券会社は血眼になって新たな飛ばし先を探す羽目になる。企業間を転々とした挙句、元はどこの企業の持ち物だったのか分からなくなる株式まで現れ、証券業界内ではこれを「宇宙遊泳」と呼んだ。

含み損が膨らんだまま、引き受け手を失った株式は、仲介した証券会社が最終的に引き取る決まり。こうした〝飛ばし損ない〟を、最も多く抱えていたのも山一だった。

91年6月、野村證券の損失補塡の発覚をきっかけに証券スキャンダルが勃発。同年9月4日に開かれた参議院証券及び金融問題に関する特別委員会に、日本証券業協会長として証人喚問された行平は、自社の状況を知りながら「これ以上、問題のある取引はない」と大見栄を切った。同年10月3日には証券取引法（現・金融商品取引法）が改正され、行政処分の対象に過ぎなかった事後的な損失補塡は、92年から禁止されることが決まる。山一は91年中に自らが引き取った顧客のファンドの処理を迫られた。

今度は、ペーパー会社を使って含み損処理を先送り

山一が90年12月末までに損失を補塡して解消した営業特金の口座数は、全体の約３分の2に過ぎなかった。解消できなかった営業特金は、91年6月末の時点で40口座あり、預かった資産約２６４４億円に対して約１１１２億円の含み損が発生していた。取引一任口座も同時点で53口座あり、約８９９１億円の資産に対して約３４７５億円の含み損が発生していた。含み損の合計額は４５８７億円。同年８月24日、対応策検討のため都内のホテルの一室に集まった社長の行平、副社長の三木以下10人の幹部は、提出された調査結果を前に「そこまでひどいことになっているのか」と青ざめた。

行平は本音では「これでは顧客に損失の負担を求めるのは難しい。かなりの部分はこちらが引き取らざるを得ない」と覚悟する。だが敢えてそれを口にせず、他の出席者には「これを全部うちで引き取ったら、大変なことになる。できるだけお客さんにお願いして、引き取ってもらってくれ」と指示した。これを受けて、損失を抱えたファンドをめぐる顧客企業との困難な交渉が始まった。

その一方、事業法人本部を管掌する副社長の延命《えんめい》隆（破綻前の95年6月に59歳で在職中に死亡）と企画室付部長の木下公明（のちに常勤監査役、故人）を中心に、ファンドの処理策を検討する極秘のプロジェクトチーム、別名「延命チーム」が立ち上がる。その結果、子会社の山一ファイナンスが迂回融資する際に使う目的で設立していたペーパー会社「日本ファクター」（ＮＦ）が、含み損を抱えたファンドを簿価（購入時の価格）で購入して引き取る方法が採用された。説明を聞いた行平は「景気が好転して株価が回復するか、経営努力で経常損益を改善できれば、含み損は数年以内に解消できるんじゃないか。これで行こう」と、含み損の処理を先送りするこの方策を支持。三木も「これ以外にありませんね」と同意した。

事業法人営業部門を管掌する３人の取締役が担当した、顧客企業との引き取り交渉は、91年11月後半になっても終わらなかった。最終的には副社長の延命がどのファンドを引き取るかを取りまとめ、行平の了承を得て、引き取るファンドが決められた。同年11月24日、行平や延命らの幹部は再び都内のホテルの一室に集合した。

「引き取ってもらえない５つのファンドの簿価の合計は１２００億円余り、この含み損は８１０億円余りです。この５つをＮＦで引き取ります」

木下の説明を聞いた常務・財務本部長の白井隆二は「会計上問題があります。公認会計士に相談する必要があるのでは？」と異議を唱えた。だが延命は「公認会計士に相談する必要はない。これしか方法はないんだ。公認会計士に『ノー』と言われたら、ウチは潰れてしまう」と、白井の異議を一蹴。「これしかないだろう。これで行こう」という行平のダメ押しの一言で、すべてが決着した。

山一が92年3月までに、ペーパー会社を使って引き取った顧客のファンドは7つ。山一はグループ会社「山一エンタープライズ」の子会社や孫会社として、92年2月に2つ、同年11月に2つのペーパー会社を新設し、NFと併せた5社でこれを引き取った。各ペーパー会社の決算期をずらし、ペーパー会社間でも飛ばし合う。ペーパー会社のファンド買い取り資金は、山一が購入した国債を利用した現先取引によって調達した。

引き取った7つのファンドの簿価は合計額約1711億6500万円。これに対し引き取った際の含み損の合計額は約1207億1400万円にのぼり、毀損率は71％にも達した。含み損はその後さらに膨らみ、山一が自主廃業を発表した97年11月24日の時点では、約1583億円にもなった。

東急百貨店とのトラブルをめぐるすれ違いドラマ

山一が引き取った7つのファンドのうち、92年1月30日に大手デパートの「東急百貨店」のファンドを引き取った経緯は実に生々しい。

山一副社長の三木から相談を受けた当時の大蔵省証券局長の松野允彦（当時54、61年に東大法学部を卒業）が「同様のトラブルを抱えている大和証券が、東急百貨店の営業特金を海外に飛ばすことを考えている」と話したため、三木は「松野はファンドの引き取りを示唆している」と判断する——。山一の破綻後に同社の社内調査委員会がこの事実を明らかにしたことで、松野は当時の証券局業務課長の堀田隆夫とともに、数回にわたって衆院や参院の委員会に参考人招致され（松野は98年3月18日の衆院予算委では証人喚問）、事実関係を追及された。

実は大和は、海外に飛ばすアイデアを松野に伝えたあと、急遽これを取り止め、東急百貨店と裁判で決着させる方向に転換した。だがそれを証券局に報告したタイミングは、三木が松野から飛ばしを示唆されたと受け止めた会談のあとになった。そしてこのタイミングのずれが、結果的に山一を破綻に追い込む一因となったことは否めない。私が当時の大和の幹部から取材した、すれ違いドラマさながらの展開をここで明かそう。

飛ばしは決算期を迎えた企業が、含み損を抱えた株式などの有価証券を決算期の異なる企業に簿価で買い取ってもらい、決算期を越えると買い戻す行為で、別名「株現」と呼ばれたことは前述した。日本の大多数の企業は中間決算期が9月末、本決算期が3月末。だが東急百貨店は中間決算期が7月末、本決算期が1月末。株現の資金を比較的容易に調達できる立場でもあったため、証券各社は株現の受け手として同百貨店を頻繁に利用した。

財テクに力を入れていた東急百貨店にとっても、株現の相手先になれば高い運用益が苦もなく上げられるため、証券会社から依頼があれば受けていた。受け手にとっても株現で引き取った株式の含み損の金額が大きいほど、謝礼分の利ザヤは大きくなる。契約書の作成などの関連作業はすべて証券会社が行い、出し手と受け手が連絡を取り合うことはなかった。株現の受け手探しに苦労している証券会社には喜ばれるうえ、株現に使う資金の融資を受けることで融資先を探している銀行にも恩が売れた。

山一と東急百貨店との取引は、株価が本格的に暴落を始めた90年2月から始まった。山一は顧客のファンドを飛ばす際の受け手として東急百貨店のファンドを利用していたが、同百貨店のファンド自体にも含み損が発生していたため、山一は決算期末に合わせて同百貨店のファンドを飛ばしていた。

91年8月末にファンドの整理をスタートさせた山一は、東急百貨店のファンドを引き取らない方針で同百貨店と十数回も交渉を重ねた。だが、損失補塡を違法とする改正証取法の施行を翌月に控えた91年12月になっても、「どちらが引き取るか」という交渉は平行線のままだった。

山一が東急百貨店と交渉を続けていた91年11月初旬。山一と同様に東急百貨店の営業特金を飛ばしの受け皿として利用していた大和にも、同百貨店から「弊社の営業特金をそちらで引き取ってほしい」との申し入れがあった。大和の幹部の間では「営業特金は90年6月末に解消した」との認識が共有されていたため、「まだ残っていたのか?」と大騒ぎになった。

大和の事業法人第二部長（当時）の依頼を受けた東急百貨店は91年8月、簿価が905億円ながら593億円の含み損を抱えた他社の営業特金の飛ばしを受けた。これは同年11月に922億円で買い戻される契約になっていたが、元の持ち主の企業は買い戻しを拒否。この飛ばしを仲介した事法第二部長は新たな飛ばしの受け手を見つけられないまま、事態を放置した。

受け手が見つからなければ、仲介した証券会社が引き取るのが株現の原則だ。東急百貨店の決算期末は1月末。焦った同百貨店が大和に買い取りを迫るのは当然の成り行きだった。だが事法第二部長からこの経緯を聞いた大和は、この浮遊する営業特金を引き取らない方針を決めたため、同百貨店との引き取り交渉は平行線をたどった。

91年11月下旬。大和のMOF（Ministry Of Finance＝大蔵省の英語名）担として、大蔵省と折衝に当たる総合企画室管掌の副社長（当時）の十亀《そがめ》博光は、証券局業務課長の堀田を訪ね、東急百貨店とのトラブルを報告した。この時の状況について、堀田は98年4月3日の参院予算委で次のように証言した。

「11月下旬ごろ十亀さんが証券局の私のところに来られ、『幾つかの顧客との間でトラブルがある』と報告されました。それは東急百貨店の問題だけではありませんでした。その1、2週間後に、今度はトラブルの相手方の顧客企業との折衝状況や社内の調査状況、特に担当者がその問題をどのように話しているかについて報告を受けましたが、基本的には『まだ調査中です』ということでした」

当時の十亀の側近だった大和の元幹部によると、十亀はこの時点で堀田に「山一も東急百貨店と同様のトラブルを抱えている」と伝え、堀田は「山一も呼んで聞いてみましょう」と話したという。これについて堀田は「十亀さんが山一について言及された記憶はありません」と参院予算委で証言している。

別々のルートで証券局に相談していた大和

大和証券社長の同前《どうぜん》雅弘（当時）は、東急百貨店とのトラブル解決に頭を痛めていた。

この月から改正証取法が施行され、事後の損失補塡が禁止される代わりに、証券会社の違法または不当な行為によって顧客に損失が発生したケースは、「証券事故」として扱うことが認められた。証券会社は事故かどうかを裁判で争うものの、顧客に提訴してもらうこと自体が一種の〝やらせ〟。証券会社は事故の内容に応じた社内処分を行い、顚末を記載した「事故顚末報告書」を日本証券業協会に提出することで、裁判所の認定を後ろ盾に損失補塡を堂々と行えるようになった。

とは言うものの、600億円近い含み損を抱える営業特金を引き取って事故処理すれば、92年3月期の決算に大きな影響が出るのは必至。89年10月に「大和証券の中興の祖」と呼ばれた土井定包《さだかね》からポストを譲られたものの、91年夏の損失補塡の発覚など不祥事続きだった同前にとって、それだけは何としても避けたい事態だった。

「海外畑と債券畑が長い同前社長は、やはり海外畑が長い腹心のR副社長にアドバイスを求めました。部下と相談して『株現の相手先を海外に探す』という結論を得たR副社長は、同前社長にこのアイデアを提示。同前社長は大いに乗り気になりました」（前出の元幹部）

92年1月半ば。代表権を持つ取締役だけが出席する「代表者会議」の席で、同前は「東急百貨店の営業特金を海外に飛ばす」というアイデアを披瀝する。しかし副社長のHと十亀が「問題の先送りに過ぎず、将来の損失補塡につながりかねない」と強硬に反対したため、結論は出ないままだった。

十亀はこうしたアイデアが検討されていることを堀田に報告した。これについて堀田は参院予算委でこう証言している。

「1月中旬か下旬だと思いますが、十亀さんから『直取引（株現のこと）の相手を外国の投資家に求めるアイデアが浮上している。ただ、それをやろうとかやる方向で考えているとかいうことではない。いろいろと問題もあるので、いま議論している』という話がありました。十亀さんはどちらかというとこの問題に否定的な感じで、『社内に積極派と消極派があるけれど、いろいろ問題が多いと思います』という感じの報告でした」

株現の受け手が国内であれ海外であれ、簿外でなければ飛ばしそのものは違法行為ではない。堀田は「あまり好ましいことではない」と思いながらも、十亀の報告を松野に伝えた。

一方で海外への飛ばしに乗り気になっていた同前は独自に証券局を訪ね、業務課長の堀田ではなく、証券局長の松野に会って海外へ飛ばすアイデアを伝えた。松野も参院予算委でこの事実を認めている。

「当時の大和には飛ばしに絡むトラブル案件があり、事務レベルでもその事情を聞いていました。同前社長がその問題について、私に直接報告に来られたところから話が始まり、そのトラブルの処理について2、3回お会いした記憶があります。飛ばしは株式を使った現先取引ですが、株式の時価が非常に安くなっており、担保が非常に少ないというリスクがある。海外にはこうしたハイリスク・ハイリターンの取引を受け入れる投資家がかなり存在しているので、（同前社長から）そういうアイデアが出てきた時に、私は大和がそういうアイデアを考えたのかなという感じを持ちました。私は『そういう海外投資家を考えるというのも、一つの考え方である』と受け取ったわけです」

海外に飛ばさず、裁判での決着を選んだ大和

　ところが大和は最終的にこのアイデアを採用せず、裁判で解決する道を選ぶ。同前が松野に披瀝したアイデアはなぜ陽の目を見なかったのか。前出の大和の元幹部が語る。

「代表者会議のあと、同前社長が披瀝した海外に飛ばすアイデアに強硬に反対したH副社長は、土井会長に報告しました。土井会長は代表者会議には出席していませんが、大和の絶対的な権力者です。東急百貨店とのトラブルに関しては同前社長から報告を受けていたはずですが、海外に飛ばすアイデアは伝わっていなかった。H副社長から『海外に飛ばすのは問題です』と聞かされた土井会長は、同前社長に『海外に飛ばす案は罷りならない。証券事故として裁判で決着をつけるように』と指示しました。さすがの同前社長も〝大和のドン〟である土井会長の意向に逆らうわけにはいきませんでした」

　同前が海外に飛ばすアイデアを証券局に伝えてから数日後の1月末。堀田を訪ねた十亀は最終結果を報告した。堀田は同前のアイデアが採用されたと信じ切っていたという。

「十亀副社長が『海外に飛ばすようなことをお話ししましたが、ああいうことはやらずに、裁判の手続きを取って東急百貨店と争います』と伝えると、堀田課長は『えっ⁉話が違うじゃないですか』とひどく驚いた。そして『証券事故として処理することにな

れば、トップの首を差し出してもらうことになりますが、よろしいですね』と言ったそうです。証券局はこの時、同前社長ではなく土井会長の辞任を想定していたそうですが、同前社長は自らが退任する道を選択しました」（大和の元幹部）

大和が飛ばしの受け皿に使った東急百貨店の営業特金は1月末、傘下の百貨店の子会社2社に転売され、東急百貨店は巨額の損失計上を免れた。そして大和と東急百貨店の裁判は92年3月9日、大和が約490億円、東急百貨店が約110億円を負担するという東京簡易裁判所の調停案に両社が応じることで決着。別の会社との同様の訴訟を合わせると、大和の損害賠償総額は約865億円にのぼり、同前は3月11日の臨時取締役会で辞任した。

「大和は海外に飛ばすようですよ」

では大和と同様の問題を東急百貨店と抱えていた山一はどうしていたのか。

大和の同前が海外に飛ばすアイデアを証券局長の松野に伝えたのと同じ頃、山一のMOF担の企画室長（当時）のところに証券局業務課の課長補佐から、東急百貨店とのトラブルに関する問い合わせの電話があった。企画室長は顧客との交渉の最前線に立つ常務の小西正純にこれを伝え、小西は92年1月21日ごろ、トラブルの経緯を課長補佐に説明した。これと相前後して、同百貨店から以下のような趣旨の催告状が、内容証明郵便で山一に届いた。

「当社は91年8月以降、山一が指定した企業を相手に株式の現先取引を行い、相手先の企業に304億5504万9708円を融資したが、先方は当方が買い取った株式を買い戻さず、融資は返済されていない。この場合は山一が当社から株式を買い戻して融資分を返済する条件であり、当社は山一に何度も返済を迫ったが、山一は言を左右にして返済しないだけでなく、最近は『通常の証券取引に基づくものと認識している』などと返済を拒んでいる。当社は決算期末を目前にしているが、1月27日まで猶予するので、返済されていない融資分に年1割で計算した利息（1月27日現在で13億7232万8897円）を付けて返済せよ。返済されない場合、山一の代表取締役らを詐欺容疑で東京地検特捜部に告訴し、報道機関に事案の全容を公表する」

副社長の三木は、この催告状を持って証券局長の松野を訪ねた。この時点で松野には、山一が東急百貨店との間で大和と同様のトラブルを抱えているとの情報が入っており、大和の同前が披瀝した「海外に飛ばす」というアイデアも頭の中にあった。

山一の社内調査報告書が公表した、三木と松野とのやり取りは次のようなものだった。

松野「東急百貨店と揉めているそうですが、どうするのですか。大和は海外に飛ばすそうですよ」

三木「海外は難しいのではないですか」

松野「うちの審議官が知っているから聞いてください」

三木は本社に戻ると行平、延命、小西、木下を延命の部屋に集めて「松野局長が東急百貨店のファンドを引き取ることを了解された」と報告した。

前述した証取法の改正により、山一も証券事故として処理したうえで、東急百貨店と裁判で争う道を選ぶのが妥当な選択だった。だが松野から大和の当初のアイデアを吹き込まれた三木は「すでに解消されたはずの『にぎりファンド』が未だに存在していることを、証券局は表沙汰にされたくないのだろう。それならウチも裁判で決着させず、ペーパー会社に東急百貨店のファンドを引き取らせるしか道はない」と解釈したようだ。

松野は参院予算委で、三木とこうしたやり取りをしたことを認めたものの、次のように弁解した。

「海外だけに絞ってお話ししたのではないと記憶しています。『通常の形で飛ばしを仲介するのなら、海外の投資家が受け手になるケースも選択肢の一つとして考えられる』という話をした記憶があります。たしか私が『海外の投資家も考えられる』と言ったときに、三木さんの方から『外為法上問題があるんじゃないですか』というような話があり、それに対して私が『もしそうであれば（審議官に）相談してみたらどうか』というような話をしたと記憶しています」

松野から大和のアイデアを伝えられた三木が「証券局長は東急百貨店のファンドの引き取りを了解した」と解釈する一方で、当の大和は社内のパワーバランスによって裁判の道を選んだ。これがのちに山一の経営破綻の一因となるのだから何とも皮肉なものだ。

東急百貨店がデッドラインに指定した1月27日、延命は東急百貨店に電話で「損失は当社で負担します」と伝えた。そして東急百貨店の決算期末ギリギリの1月31日、山一は簿価の合計額約265億円に対して含み損の合計額が約252億円という東急百貨店のファンド5本を引き取り、前述した国内のペーパー会社の一つに埋めた。

東急百貨店のファンドの処理策を決めた三木は、証券局を訪ねて松野に報告した。

三木「（東急百貨店のファンドを海外に飛ばすことは）資金繰りなどで自信がありませんので、国内で処理することにしました」

松野「ありがとうございました」（または「ご苦労様でした」）

松野はさらに1月末か2月ごろ、再度訪ねてきた三木にこう言い放ったという。

「山一にすれば大した数字ではない。ひと相場あれば解決ですよ。何とか早く解決して下さい」

大和が海外に飛ばすアイデアをボツにして裁判の道を選んだことを、松野は三木に伝えなかったようだ。もしそうだとすれば、証券局長としてあまりにも無責任ではなかったか。東急百貨店のファンド処理が終わって5ヵ月経った92年6月、三木は行平から社長の椅子を譲られた。ある証券関係者が生前の三木から直接聞いたところによると、社長を〝禅譲〟する行平が三木に提示した条件は「簿外損失を手早く解消すること」だったという。質の悪い冗談としか思えない。三木は「何を今さら」と思ったことだろう。

メインバンクにも見捨てられて……

山一は国内のペーパー会社5社だけでなく、「仕組み債」という特殊な外国債券を使い、海外の子会社にもファンドの含み損を飛ばしていた。こうした簿外損失は95年3月期末に約2331億円、96年3月期末に約2380億円、97年3月期末に約2718億円と拡大の一途をたどった。山一の社内では取締役企画室長の藤橋忍を中心に、簿外損失の公表や一括償却に向けた策動が何度かあったものの、三木はその都度「そんなものを持ち込んだら、大蔵が迷惑しちゃうよ」などと反対し、簿外損失という癌の摘出を先送りし続けた。

こうした最中の95年5月、共同通信社の大阪支社社会部から本社社会部に転勤してきた私は、80年代後半から旧知の間柄だった三木に挨拶するため、当時は東京駅八重洲口の正面にあった山一本社で、三木と4年ぶりに一対一で会った。ところが私の眼前に現れた三木は、私が知っている快活な三木とは全くの別人だった。肌は土気色、髪は真っ白で細身の体はさらにゲッソリとやせ細っていた。目つきは虚ろで、口は半開きのまま。還暦を迎える直前にもかかわらず、歩く姿はまるでヨボヨボの老人だった。何を言っても「ハァ」とか「フーン」という力ない言葉しか返ってこない。視線はひたすら宙を漂い、まさに放心状態の抜け殻だった。

後から考えると、この時点の三木はすでに会社が潰れることを予感して、精神的重圧に押し潰されそうになっていたとしか思えない。最大の実力者である行平から社長を引き継いだ段階で、先の読める三木は「自分は行平の傀儡《かいらい》に過ぎず、簿外損失をどうすることもできない」と諦めて、ひたすら会社が潰れる恐怖に耐えるしかなかったようだ。

実際に山一の基礎体力は、バブル崩壊に伴う急激な業績悪化によって著しく低下した。97年3月期の自己資本規制比率は、簿外損失を加味すると、株主への配当などとてもできないレベルまで落ち込んだ。証券業界の一部では、山一に巨額の簿外損失が存在することが囁かれ始め、一部のマスコミはその疑惑の一端を報じるようになった。

行平と三木はこうした見方を打ち消すため、97年3月に子会社「山一ファイナンス」に対して1500億円の金融支援をしたり、配当する体力などないことを認識しながら同年3月期に5円の配当を行うなど、自分で自分の首を絞め続けた。同年9月に入ると三木や副社長の白井が総会屋に対する利益供与の疑いで逮捕され、翌月には大手リース会社「昭和リース」に対する損失補塡事件で三木と白井が再逮捕された。山一は急速に坂道を転げ落ちていく。

利益供与の責任を取る形で逮捕前に退任した三木から、8月に社長の座を譲られた野澤は、藤橋らから巨額の簿外損失の存在を聞かされ、頼みの綱のメインバンクである富士銀行（現・みずほ銀行）に支援を要請する。だが富士はこの年のゴールデンウイーク前後に、山一の旧本社近くの兜町支店にある山一の関連会社の口座を精査して簿外損失の存在を確信しており、「担保に見合った範囲で協力したい」とにべもなかった。11月14日に野澤から簿外損失の存在を聞かされた証券局長（当時）の長野厖士《あつし》は、いったんは救済に協力的な姿勢を示したが、その5日後の同月19日には一転して自主廃業の選択を迫る。そして山一内部で最終判断がまだ下されていなかった同月23日の早朝、日本経済新聞が朝刊の1面トップで「山一証券　自主廃業へ」と報道。命運尽きた野澤は24日、今も語り草となっている男泣きの記者会見を開き、自主廃業を発表した。

経営者としての資質に問題

一貫して簿外損失の一括償却に反対し続け、再起不能なレベルにまでに傷口を広げた責任者の行平と三木は、97年3月期までの3期にわたって決算を粉飾した証券取引法（現・金融商品取引法）違反と、違法配当をした商法違反の疑いで、98年3月に東京地検特捜部に逮捕・起訴された。

総会屋に対する利益供与事件、昭和リース損失補填事件も併せて開かれた公判で、一審の東京地裁は2000年3月、簿外損失発生の元凶となった行平に執行猶予5年の付いた懲役2年6ヵ月の判決を言い渡す一方、三木には懲役2年6ヵ月の実刑判決を下した。三木は控訴し、二審の東京高裁が01年に下した執行猶予付きの判決を受け入れた。

一審判決は三木に対して「社長在任中たびたび抜本的な立ち直りを図る機会があったのに、これをすべて活かすことなく、再建の機会を握り潰していた」「存亡の危機に瀕した山一の最高責任者として果断な決断が期待される立場にありながら、何らその責任を果たしておらず、非常事態における経営者としての資質に問題がある」などと厳しく断罪。一審の公判で三木の弁護人は「長年の心労からの解放と、懸案の解決をなし得なかった虚脱感から、一種の荷卸し鬱状態に陥っている」と評した。

二審判決の確定後、三木と顔見知りの証券関係者が、夫人と一緒の三木を京王八王子線の車内で見かけた。三木は半ば生ける屍状態で、介助がなければ歩けないほど弱っていた。この関係者は「挨拶するのも憚《はばか》られるほど痛々しかった」と振り返る。

山一が消滅してから1年8ヵ月後の06年10月4日、三木は心不全のため71歳で死去。その3年半後の10年4月1日には、行平が78歳で死去する。そして14年12月には、海外への飛ばしを示唆した元証券局長の松野も76歳で死去した。ともに東大法学部卒の穏やかな紳士だった三木と松野は、邂逅したあの世で何を語り合ったのだろう。

3　オリンパス巨額「粉飾決算」事件（２０１２年）

巨額損失は如何にして20年間も隠蔽され続けたのか？

「企業スキャン　オリンパス〝無謀M&A〟巨額損失の怪」

２０１１年7月20日、会員制の月刊情報誌『FACTA』の8月号に、社員が情報源とみられる内部告発記事が掲載された。１９１９年創業のカメラメーカーで、医療用内視鏡装置が世界シェアの7割を誇るオリンパス。件の記事は、そのオリンパスが「08年3月期に、本業とは縁遠い小さなベンチャー企業3社をまとめて７００億円近くで買収し、翌年にはそのほぼ全額をこっそり減損処理していた」と報じた。

英国人社長マイケル・ウッドフォート（51）に事の次第を問い詰められた、前社長で代表取締役会長の菊川剛（70）は、逆に10月14日の取締役会でウッドフォードを解任し、自ら社長に復帰（会長兼務）する。ところがウッドフォードが解任の内幕を英国紙の記者に暴露したため、日本の大手マスコミもようやく重い腰を上げて『FACTA』の後を追った。

これを受けてオリンパスの株価は急落し、菊川は同月26日に会長、社長を辞任。11月8日、記者会見を開いたオリンパスは、ようやく粉飾決算の事実を公表した。バブル崩壊で発生した株式など金融商品の損失を簿外に飛ばし、ひた隠しにしていたのだ。

12年2月16日、東京地検特捜部と警視庁刑事部捜査二課は、証券取引法違反、金融商品取引法違反（虚偽有価証券報告書の提出）などの疑いで、粉飾決算に関与した菊川らオリンパスの前役員2人と前監査役1人、粉飾決算の指南役とされた野村證券OB4人を逮捕・起訴する。さらに15年10月には、指南役1人を新たに在宅起訴した。

オリンパス側で起訴された菊川、前監査役で元副社長（肩書は逮捕当時、以下同様）の山田秀雄（67）、前副社長の森久志（54）の公判は一括して行われたが、菊川は12年9月の初公判の公判廷で、欺瞞に満ちた発言をした。

「会社が巨額の簿外損失を隠していることは知っており、公表する機会もありました。しかし、それが与える影響を思うと優柔不断で踏み切れませんでした。なぜ決断しなかったか、慚愧《ざんき》の念に堪えません」

もちろん菊川は、本当の理由を自覚しているはずだ。「自分の2代前の社長の下山敏郎（社長在任期間1984～93年、2013年6月に89歳で死去）の時代に発生した財テクの損失が明らかになれば、損失の発生と無関係の自分も責任を問われ、せっかく手にした経営トップの座を明け渡すことになる」。これ以外に理由があるのだろうか？

連結売上高約8000億円という世界的な企業でありながら、巨額損失を発生させた同じ顔触れの社員だけが、20年間も経理・財務を担当していたオリンパス。財テクの責任者であり続けた山田と森を軸に、下山、岸本正壽（同93～01年）、菊川（同01～11年）の歴代トップが下した判断を検証する。

一方、この事件では今も、指南役とされた野村證券OB5人の公判が継続中だ。私はそのほとんどを傍聴し、被告らを直接取材して詳細な事実関係を聞いた。そこから浮かび上がってくるのは、巨額損失事件に加えて、ありもしない事実をでっち上げて恥じることのない、東京地検特捜部の独善的なシナリオ捜査だった。本章では折に触れて、その被告たちの主張も挿入していく。

投資判断ミスで拡大した損失

85年9月のプラザ合意以降の急激な円高により、オリンパスも他の日本の輸出企業と同様、業績が急激に傾いた。窮地に立たされた社長の下山は「本業の努力だけで直ちに営業収益を改善するのは難しい。金融収益で本業を助ける必要がある」と決断する。

これを受けてオリンパスの経理部資金グループは、経理・財務担当常務の岸本の下で積極的な資金運用に乗り出した。担当したのは80年から資金運用に関わってきた山田、87年に加わった森、88年に資金運用に復帰した中塚誠という以後不動の顔触れ。これに京相正志《きょうそう》が92年から加わり、特定金銭信託（特金）や特定金外信託（金外信）、特定包括信託などを活用して、株式、外国債、株価指数先物、債券先物など価格変動リスクの高い金融商品で資金を運用した。

特金、金外信、包括信託はバブル期に財テクに励んだ大企業がこぞって活用した信託銀行の商品。解約時には、特金は信託した金銭が金銭で返還され、金外信は金銭か有価証券かを選択できる。特定包括信託では、信託した金銭や有価証券が信託した時点の状態で返還される。

日本の大企業は、他の企業との持ち合いで長期保有している株式に多額の含み益を有しており、短期売買目的で購入した株式と合算されると、せっかくの含み益を吐き出すことになる。その点、こうした信託商品は短期の株式の売買損益と、持ち合いの株式の損益とを区分して計上できるため、上場企業の大半が利用した。

運用は信託した会社自身か、投資顧問会社が指示を出すのが建前だが、バブル期には、高い利回り目標を会社側に提示した証券会社の法人営業マンが運用を一任され、信託銀行には結果を事後報告する通称「営業特金」が大流行。のちの損失補塡や山一證券の経営破綻を招いた。

87年10月、ニューヨークに端を発する世界的な株価大暴落、いわゆる「ブラックマンデー」が起こり、オリンパスの営業特金には1日で約300億円の含み損が発生した。この時、山田から「何とかしてください」と泣きつかれたのが、野村證券の第2事業法人部でオリンパス担当だった横尾宣政（57）である。この25年後にオリンパスの粉飾決算を指南したとして逮捕・起訴される横尾はこの時、鉄鋼株やワラント（新株予約権）の売買で利益を上げ、約8ヵ月かけてオリンパスの損失を穴埋めした。オリンパスの主幹事証券は山一證券だったが、横尾はこれでオリンパスの絶大な信頼を得た。

ところが、90年初めからの株価暴落によって、オリンパスが保有する金融商品にはまたしても巨額の損失が発生する。90年3月までに、主幹事の山一から11億7200万円の損失補填を受けたが、山田らは特金の残高を急増させ、損失の回復を目論んだ。しかし株価は一向に下げ止まらず、オリンパスが92年3月末現在で抱えた損失は実現損と含み損を合わせて約480億円に膨らんだ。明らかな投資判断のミスである。だがオリンパスは、同年3月期に特金の含み損を公表せず、約103億7900万円の経常利益を計上した。当時の会計基準では、含み損を公表する義務はなかったからだ。

当時の会計基準では、一般企業は原価法（購入時の価格で評価する方法）か低価法（決算期末の価格が購入時より下落している場合、低い方の価格で評価する方法）のどちらかを選ぶことが認められていた。特金は信託銀行と結んだ契約ごとに一つの単位とみなすバスケット方式の中で、原価法か低価法かを選ぶことができた。オリンパスはバスケット方式の原価法を採用しており、時価が簿価の50%を下回らない限り、含み損を評価損として表面化させる必要はなかった。

オリンパスは含み損の表面化を避けるため、含み損を抱えた株式を決算期の異なる企業に簿価で買い取ってもらい、決算期を越えた時点で買い戻す「飛ばし」も使っていた。これは株価暴落で含み損を抱えた当時の日本企業なら、どこでもやっていることだった。

オリンパスはまた、一部の外資系証券会社が日本企業向けに販売した「配当先取り商品」など、複雑なデリバティブ（金融派生商品）取引を駆使して損失を隠す「決算対策商品」を購入した。配当先取り商品は、株式など資産の売却で得られる利益（キャピタルゲイン）を、保有する資産から得られる配当や利子（インカムゲイン）に変換する目的で作られた金融商品で、90年代前半の株価暴落期に、損益を嵩上げしたい日本企業が外資系証券会社から先を争って購入した。売買益が生じていなくても、元本を取り崩して配当にできるため、手持ち資金を確保しておきたい企業が今も広く利用している。取り崩した元本は、その後に運用益が出れば回復できるため、購入者は必ず損をするわけではないが、結果的に損失が拡大する原因となり、オリンパスも例外ではなかった。

オリンパスの損失の実態をメモに残した横尾

ところで山田は92年1月と3月初め、野村證券浜松支店の次席だった横尾に電話をかけ、具体的な損失処理策を話している。横尾に電話があったのは午前の取引時間の最中。雑談調の山田との会話の内容を、横尾は会社のメモ用紙に無造作に走り書きした。

「3月6日現在、実現損250億、評価損200億、合計450億」「過去からの持ち越し分は表に出したくない」「今期経常予想　150億　↓最終的に100億はキープしたい」「公認会計士へのスタンス　事前に相談を持ちかければすべてNO！　であろう　すべての処理をやってしまってから（期をこえてから）、その根拠を説明し了解を得るしかないし、過去もすべてそのスタイルでやってきている」

横尾はこの件を支店長に逐一報告したあと、メモ用紙をズボンのポケットに入れたまま失念する。数日後、深夜に帰宅してポケットのメモを発見した横尾は、別のメモ用紙に清書し、机の上に置いた。それは横尾にとって日常的な行為で、メモはその後、妻が別の書類が入った野村の茶封筒に入れていた。清書したメモ用紙が机の上から消えていることにさえ、横尾は気づいていなかった。

そして横尾がこのメモを再び目にしたのは、実に20年後のことだった。東京地検特捜部など捜査当局は11年秋、オリンパスの粉飾決算の立件に向けて関係先を家宅捜索したが、その際にこのメモも横尾の自宅から押収された。参考人として事情聴取を受けた横尾はメモを示されたものの、中身はおろか、存在すら覚えていなかった、という。

ところが特捜部は、この20年近くも前のメモを「横尾、羽田拓（48、横尾の野村時代の部下）、小野裕史（50、羽田のロンドン駐在時代の同僚）の3被告が、オリンパスの損失の存在を承知したうえで粉飾決算を指南していたことを示す、具体的な証拠」とこじつけた。実は特捜部はこのメモ以外、「意図的に粉飾決算を指南した」と横尾らを追及できる具体的な証拠を握っていない。他の証拠は山田や森、中塚らオリンパス関係者の供述調書（検察官面前調書）にすぎず、それは特捜部が取り調べ相手を脅したりすかしたりしながら、いかようにも自らに都合よく〝作文〟できる代物だ。

特捜部による、こうした供述内容の〝作文〟の航跡は、山田らが横尾らの公判で証言した内容にも色濃く残っている。例えば山田は横尾ら3人の公判で、「損失の実態を聞いた横尾氏は私の依頼を聞き入れ、当時の下山社長や岸本常務とオリンパス本社で数度にわたって面談し、財テクからの撤退を直談判してくれたが、下山社長は聞き入れなかった」などと証言した。

だが横尾によると、野村證券の事業法人部には「担当を離れた法人と接触してはならない」という規定があり、山田に頼まれたとしても、横尾が下山らと面会することはできなかった。しかも92年3月ごろの野村證券は、前年夏に発覚した大口顧客の損失補塡問題の対応に追われ、浜松支店にいた横尾が東京まで何度も出向く余裕はなかったという。横尾の供述通りなら、山田の証言内容は全くの作り話ということになる。

つまり検察は、物的証拠に乏しい横尾らを何としても有罪に持ち込むため、自らの証人である山田や森らに、虚偽の証言をするよう強要したとしか思えない（検察寄りとされる東京地方裁判所でさえ、検察が強引に「指南役」に祭り上げた野村OBを、一段低い「幇助役」に格下げして有罪にしているくらいだ）。

この事件の主体はあくまでもオリンパスの菊川、山田、森。幇助役とされる野村OBは、損失の実態を具体的に伝えられないまま、結果として簿外損失の会計処理に協力させられていたとみるべきだろう。実際は幇助役でさえなかったのであるが……。

簿外ファンドに飛ばしを開始

いきなり事件の本質論に入ってしまった。話を92年春の時点に戻そう。横尾に損失処理策を伝えるひと月ほど前、山田は米国のペイン・ウェバー証券東京支店副支店長の中川昭夫（61）に、前述した配当先取り商品の購入を依頼する。中川は野村OBの営業マンで、別の米系大手証券に勤務していた80年代前半にオリンパスと取引があったが、長らく音信不通だった。前年に中川と再会していた山田は92年1月ごろ、中川に「高い配当を付けて欲しい。今期から来期ぐらいにそういう商品を出せますか？」と持ち掛けた。

しかし、ペイン・ウェバー証券は配当先取り商品を販売しておらず、中川から山田の要望を聞いた同証券東京支店長は、ニューヨークの投資信託委託販売会社「ＯＣＭ」をオリンパスに紹介。オリンパスはＯＣＭから配当先取り商品を直接購入した。

その3年後の95年秋、ＯＣＭが突然、オリンパスに「配当先取り商品の運用手数料を2倍にする」と通告してきた。含み損が膨らむ一方の配当先取り商品を損切りできないオリンパスの足元を見透かしたのは明らかだった。山田に「助けてください」と懇願された中川は、やはり野村ＯＢでニューヨークのペイン・ウェバー証券本店に勤務する佐川肇（64）と相談し、佐川と親しいニューヨークの大手法律事務所に協力を要請した。法律事務所の弁護士と佐川は96年1月、配当先取り商品をＯＣＭから切り離すため、タックスヘイブン（租税回避地＝個人や企業に対する税金が全くないか、税率が極めて低い国や地域）の英領ケイマン諸島に「メディア・トラスト・スキーム」と呼ばれる簿外ファンド（帳簿に載せない資金）群を設立し、そこに配当先取り商品を移管した。

ところが山田らは配当先取り商品だけでなく、オリンパスや金融子会社の特金内に存在する、含み損を抱えた金融商品の飛ばし先としてもメディア・トラストを利用した。含み損を抱えた金融商品の一部が、メディア・トラストのファンド群に簿価で買い取られた結果、集約された含み損は、96年に約366億円に達した。この時期にオリンパスが抱えていた金融商品の含み損約900億円のうち、約4割が簿外ファンドのメディア・トラストに飛ばされたことになる。

96年10月にペイン・ウェバー証券を退職した中川は翌97年、少し前に同社を退職した佐川と共同で英領ケイマン諸島に資産運用会社を設立し、メディア・トラストの資産の一部を日本の株式市場で運用することになった。だが中川が損益を把握できるのは、当然、自らが運用している資産の部分だけ。メディア・トラスト全体の評価額（含み損）を知るのは、無理だった。

含み損隠し専用ファンドを開設

96年1月、オリンパスは英領ケイマン諸島にSPC（特定目的会社）の「CENTRAL FOREST CORP.」（CFC）を、さらに翌97年3月にはSPCの「QU

ICK　PROGRESS」（QP）を設立した。ともに含み損を抱えた他の金融商品を飛ばして隠す目的で、メディア・トラストとは別にオリンパスが設立した簿外ファンドである。山田、森、中塚は2つのファンドの代表に就任。資産状況を自分たちで直接把握して、会計管理や帳簿作成を行った。含み損を抱えた金融商品を簿価で買い取る実務は、佐川を経由させてケイマン諸島の銀行や法律事務所に指示した。

CFCやQPに含み損を抱えた金融商品を買い取らせるため、オリンパスや金融子会社が特金口座で保有する日本国債を利用した複雑なオペレーションが繰り返された。だが、「これによって監査法人が『飛ばし』に気づくのではないか」と別の危惧を覚えた山田らは、守秘義務が徹底された欧州のプライベートバンク（PB）から融資を受けようと考え、保秘力に定評のあるリヒテンシュタイン公国のPB「LGTリヒテンシュタイン銀行」東京駐在事務所長の臼井康弘に連絡を取った。臼井も野村OBで、横尾のかつての部下だった。

山田らと臼井との交渉は、遅くとも97年12月までに行われたとみられる。山田らは融資を受ける本当の理由を明らかにしないまま、臼井にこう依頼したという。

「病院経営のノウハウを吸収するためM&A（企業の合併・買収）を検討しているが、

病院に内視鏡装置を納入しており、当社の名前が表に出るのはまずい。LGT銀行に預金するので、これを担保に、当社のファンド名義の口座に融資してほしい」（山田）
「預金担保融資の事実は残高証明書に記載しないので、心配要りません」（臼井）
このあと、2月に来日したLGT銀行首脳との交渉を経て98年3月下旬、オリンパスと金融子会社名義の口座が同行に開設され、オリンパスは合計380億円を預金する。LGT銀行はこの預金で購入した国債を担保に、同行のCFC名義の口座に合計300億円を融資した。山田らはこれを利用し、日本国債のオペレーションに終止符を打つ。
そして同年9月には、メディア・トラストに集約していた配当先取り商品などをCFCに移し、最初に作った簿外ファンドのメディア・トラストを解消した。

特金解約の1年前倒しを迫られる

含み損飛ばしに使う資金の調達先をPBの融資に切り替えようと、山田らが先を急いだのには理由があった。日本では96年ごろから、売買目的の有価証券を時価評価し、含み損を評価損として決算に反映させる「時価会計基準」の導入が検討され、オリンパスの監査を担当する「あずさ監査法人」（当時は朝日監査法人）も、98年3月期以降は特金内の含み損を計画的に処理するよう、オリンパスの取締役会や監査役会に要請していた。つまり98年3月期以降、特金に対する監査が厳しくなることが予見できていたのだ。

前述した通り、メディア・トラストが特金内の含み損を抱えた金融商品を簿価で買い取る際の資金は、特金内の日本国債を利用したオペレーションによって捻出されていた。監査でこのオペレーションの真の目的を見破られると、飛ばしを行っていることがバレてしまう。現に前年11月に巨額の簿外損失が原因で経営破綻した山一證券は、オリンパスと同様の国債のオペレーションで飛ばしの資金を調達しており、監査の目が特金内の国債のオペレーションに向かう危険性は否定できなかった。そこで山田らはまず、買い取り資金の調達先をLGT銀行に切り替えたのだ。

さらに98年6月、日本経済新聞が「オリンパスが財テクの失敗で巨額の損失を抱えている」と報じると、あずさ監査法人がオリンパスに向ける目は格段に厳しくなった。99年1月、時価会計基準が01年3月期決算から導入されることが決まると、同監査法人はオリンパスに対する監査を一段と強化した。

そしてついに99年9月中間期決算の監査で、あずさ監査法人はオリンパスの飛ばしを発見する。同年10月、同監査法人はオリンパスに①9月中間期に損失相当額の引当金を計上する②特金を00年3月期までに解約する――などの具体策を求めた。時価会計基準の導入時期より1年前倒しで、特金を解約するよう指導したのである。

飛ばしが発見されたあと、釈明の記者会見に臨んだのは、この年の株主総会で経理財務担当の常務取締役に就任した菊川だった。詰めかけた報道陣を前に、菊川は「特金で抱えていた金融資産の含み損約168億円を、00年3月期に特別損失として一括処理する」「オリンパスが特金内で抱える含み損はこれ以上存在しない」などと断言したが、金融商品の損失はすでにこの時点で、そんな生易しいレベルではなかった。

ところでオリンパス・アメリカから帰ってきた菊川は、どの時点で簿外損失の存在を知ったのだろう。横尾らの公判で証言した菊川は、「簿外損失の存在は（01年6月の）社長就任から間もなく、山田から聞かされた」と証言したが、これは事実に反している。

菊川は経理・財務担当の常務に就任した後の99年11月、山田から「投資事業ファンドやLGT銀行の金融商品に投資した資金を利用して、簿外ファンドに飛ばし用の資金を供給する」というプランを説明され、これを了承している。遅くともこの時点では、菊川は簿外損失の存在を知ったはずだ。

話を元に戻そう。99年10月、特金の解消を1年前倒しするという想定外の事態に直面した山田らは、特金内に残る金融商品を早急にＣＦＣとＱＰに移す必要に迫られた。問題は金融商品を買い取るための資金を、どうやってＣＦＣとＱＰに流すのかだった。というのも、自己資金をストレートに簿外ファンドに流すと、監査法人に飛ばしを簡単に見破られてしまうからだ。それを防ぐためには、銀行預金や投資商品の購入などワンクッション置いて、これを担保に資金を供給するやり方しかなかった。

新規構築した3つの資金供給ルート

特金内の含み損を抱えた金融商品をＣＦＣとＱＰに飛ばすため、オリンパスは中川らに依頼して、先にあった「ＬＧＴ銀行ルート」を含む４つの資金供給ルートを構築した。それぞれ簡単に説明しよう。

【シンガポール・ルート】

中川は96年10月にペイン・ウェバー証券を退職し、佐川とともに大口投資家を相手に資産運用やＭ＆Ａの仲介を行う「アクシーズ・グループ」を立ち上げた。山田から「オリンパスとして海外の銀行に預金したい」と相談を受けた中川は、ドイツの大手銀行

「コメルツ銀行」シンガポール支店に勤務するチャン・ミン・フォンを紹介する。山田らは当初「新技術を持つ会社の買収を考えているが、オリンパスの名前を出したくない」と嘘をつき、チャンに預金担保の融資を依頼した。

オリンパスは99年10月に約2億ドル（当時の為替レートで約２０６億円）、同年12月に約1億ドル（同約１００億円）、00年6月に１５０億円をコメルツ銀行シンガポール支店に預金し、コメルツ銀行はこれを担保に同額を融資。これはチャンに設立させた複数の簿外ファンドを経由してＣＦＣに送金され、飛ばしの原資に使われた。オリンパスの預金はその後、チャンの移籍や独立に伴って預け替えられ、最終的な金額は合計６００億円に達したが、こうした一連の経緯が、紹介の労をとった中川や佐川に伝えられることはなかった。

【ＧＣＮＶルート】

大口顧客への損失補塡や総会屋に対する利益供与など、トラブル続きの野村證券に見切りをつけて独立した横尾のコンサルティング会社「グローバル・カンパニー」（ＧＣＩ）が、当時の会長の下山に提案していた構想に、ベンチャー企業投資ファンドがあった。これは「内視鏡依存体質からの脱却」に向けた〝種蒔き〟が狙いだった。だがこれをＱＰへの資金供給に利用しようと考えた山田らは00年3月、オリンパスが英領ケイマン諸島に設立した投資事業ファンド「Ｇ．Ｃ．Ｎｅｗ　Ｖｉｓｉｏｎ　Ｖｅｎｔｕｒｅｓ　Ｌ．Ｐ．」（ＧＣＮＶ）に約３５０億円を出資して、管理・運用をＧＣＩグループに依頼した。山田らの真の狙いを知らない横尾は、羽田とともに将来性が見込める企業を発掘してＧＣＮＶの資金を投資したが、約３５０億円のうちの約３００億円については、「短期の資金運用のため」という山田らの説明を鵜呑みにしてＱＰに送金していた。送金の事務手続きは小野が担当した。

【ＧＩＭ－Ｏルート】

ＬＧＴ銀行が設定する公募投資信託「ＰＳ　Ｇｌｏｂａｌ　Ｉｎｖｅｓｔａｂｌｅ　Ｍａｒｋｅｔｓ」（ＧＩＭ）にオリンパスが投資し、これを担保に飛ばし用の融資を受ける構想は、森を中心に進められた。ところが当初はこれに前向きだったＬＧＴ銀行が、特金解消のデッドライン目前の00年2月末になって断ってきたため、森は同行東京駐在事務所長の臼井に泣きつき、オリンパス専用の私募投信「ＰＳ　Ｇｌｏｂａｌ　Ｉｎｖｅｓｔａｂｌｅ　Ｍａｒｋｅｔｓ－Ｏ（ＪＰＹ）Ｃｌａｓｓ　Ｆｕｎｄ」（ＧＩＭ－Ｏ）をＬＧＴ銀行に組成させ、約３５０億円を投資した。

このうちの約295億円は、オリンパスが英領ケイマン諸島に設立したSPCの「Ｔｅａｏ《テオ》」と投資事業ファンドの「Ｎｅｏ《ネオ》」を経由して、ＱＰなどに送金された。ＧＩＭ－ＯはＬＧＴ銀行、Ｔｅａｏはオリンパス、ＮｅｏはＧＣＩグループが管理・運用し、ＮｅｏからＱＰなどへの送金はＧＣＩの小野が担当した。だが山田らはここでも、横尾や小野に送金の真の目的を説明することはなかったようだ。

またＧＩＭ－Ｏへの投資は、オリンパスの00年1月の経営会議と取締役会で正式に承認されたものだったが、山田らがその真の目的を他の取締役に明かすことはなかった。しかもＧＩＭに代わったＧＩＭ－Ｏが、投機性の高い私募投信であることは説明すらされておらず、他の取締役は公募投信と思い込んでいた。

こうして山田らは「00年3月末までに特金をすべて解約する」という最重要課題を何とかクリアし、ＣＦＣに約640億円、ＱＰに約320億円の含み損を集約した。オリンパスはＬＧＴ銀行とコメルツ銀行への預金額、ＧＣＮＶへの出資額、さらにはＧＩＭ－Ｏへの投資額を帳簿上で公表したが、そのほとんどは含み損を抱えた金融商品を簿価で買い取るためにＣＦＣとＱＰに送金されており、実質的な価値は当初から損なわれていた。だがオリンパスが00年3月期以降、こうした公表資産の毀損額を計上することはもちろんなかった。

ベンチャー買収費の大幅水増しでのれん代計上

01年6月、経理・財務担当常務の菊川が、岸本の後継社長に就任する。それまでも半期に一度、山田から簿外損失に関する報告を受けていた菊川は、早急に4つの含み損隠しルートを解消しようと焦った。中川のアクシーズ・ジャパン証券にCFCの資金を運用させてみたものの、成果は一向に上がらない。逆にオリンパスがCFCとQPで抱える含み損は、03年3月末に合計約1176億6000万円にまで膨らんだ。

こうした中で横尾らは「内視鏡依存からの脱却」策の一つとして、03年から05年にかけて有望なベンチャー企業3社を発掘し、Neoなどから資金を投資した。山田は、3社が上げる利益で含み損隠しルートを解消しようと目論み、オリンパスから従業員も派遣した。

05年9月30日、オリンパスからベンチャー3社に派遣される社員に山田が送信した叱咤激励のメールからは、山田の強い焦りが伝わってくる。

「菊川も山田も、皆さんの心労を十分理解、感謝しております。いずれにせよ時間がありません、頑張りましょう、気合を入れて、仕上げたいと思います、益々のご支援を」

だが山田の思惑とは裏腹に、3社の06年の業績はいずれも億単位の純損失を計上するなど全く振るわなかった。方針転換を迫られた山田らは①ファンドで取得した新事業3社の株式を、オリンパスが著しく高い価格で購入し、CFCとQPに資金を供給する②この資金をLGT銀行にあるオリンパス名義の預金やGIM－Oに還流させ、LGT銀行との融資関係を解消する③3社の純資産額とオリンパスの購入額との差額を「のれん代」として計上し、長期間かけて償却する——という三段構えの構想を考案した。つまり、簿外の含み損を帳簿上の「のれん代」に置き換えて処理するのである。

菊川の了承を得て、山田らはこれを実現に移す。オリンパスは06年3月と08年3月から4月にかけての2度にわたり、合計約7億円に過ぎなかった3社の株式を総額約830億円もの高額で買い取った（金融子会社での買い取り分も含む）。08年2月の経営執行会議と取締役会では、真の狙いを知らされていない出席者から「買い取り価格が高すぎる」「オリンパスとは何の関係もない事業」などと慎重意見も出されたが、森はもっともらしい理由を付けて押し切った。

「これで行こうよ。自分も協力するから、3社を何とかして行かないとな。うまく行けば（簿外損失は）大分減るよな」。山田から「新事業3社の事業価値は著しく高めに算定されています」と教えられた菊川は、こう言って自分自身を納得させた。

オリンパスが拠出した3社株の買い取り資金は、まず3社の株式を保有している複数の簿外ファンドに送金され、そこから簿外損失が集約されているQPやCFCなどに送金されたあと、最終的にLGT銀行の融資の返済に充てられた。これによってLGT銀行ルートは08年6月、GIM－Oルートは同年10月にそれぞれ解消された。

ちなみにGCNVが06年3月にNeoから買い取った新事業3社の株式は、07年の会計基準の変更前にオリンパスが買い取り、GCNVルートは他の3ルートに先駆けて07年9月に解消されている。残るはシンガポール・ルートだけになった。

海外のM&Aでも「のれん代」計上を画策

こうした国内でのベンチャー企業買収と並行して、山田らは海外企業のM&Aも簿外損失の解消に利用しようと企てた。オリンパスは内視鏡装置に依存する体質からの脱却を目指していたため、大義名分はいくらでも立てられた。

M&Aを仲介した「ファイナンシャル・アドバイザー」（FA）に対する報酬額を大

幅に水増しして支払い、水増し分をオリンパスに還流させる過程で含み損隠しルートを解消する一方、水増し分は「のれん代」として計上し、時間をかけて償却する。発想は国内のベンチャー3社の株式買い取りと同じだ。

山田らは海外企業のM&Aを、中川と佐川のアクシーズ・グループに提示した。中川が海外に幅広い人脈を持ち、アクシーズ・グループは過去にもM&Aをまとめた実績があるためだ。山田らは03年初めごろ、「内視鏡依存体質からの脱却が狙い」として、2人に真の目的を隠したままFA業務を依頼した。

GCIグループとアクシーズ・グループのそれぞれに依頼した仕事の内容について、山田らはもう一方のグループにはわざと伝えなかった。森は「どちらのグループにも損失の全体像を知られない方がいい、と思っているのだろう」と山田の胸の内を忖度したが、実は山田はどちらのグループにも損失の実情など伝えてはいなかった。例えば米国の医療機器メーカー「ウィルソン・クック」との買収交渉が進んでいた04年から05年ごろ、中川は山田から曖昧な言い回しで唐突に損失の存在を伝えられた。

「オリンパスにはちょっと損があるんだよな」

中川は驚いたが、山田はどの取引で損失が発生したのかや、損失額はどのくらいなのか、具体的なことを何一つ明かさず、中川に協力を求めることもなかった。そのため中川も「オリンパスの子会社や投資有価証券の価値が下がったか、為替取引で損でもしたのだろう」と軽く考え、それ以上追及することはなかった。ましてやそれが、違法に会計処理されたものだとは考えもしなかった。中川は公判で証言している。

「私や佐川に将来的に何か協力を求める可能性があるので忖度してほしい、という趣旨の発言だったのかも知れませんが、私はダイレクトにものを言う世界で生きてきたので、発言の趣旨を理解できませんでした」

06年春ごろからは森と佐川との間で、買収交渉が成功した暁にアクシーズ・グループがオリンパスから受け取るFA報酬の具体的な内容が固められていった。中川は06年夏ごろから、甲状腺ホルモンの病気や動脈瘤など深刻な体調不良に襲われ、手術を受けたり入退院を繰り返したりと、まともに仕事ができる状態ではなかったからだ。07年10月には、英国の医療機器メーカー「ジャイラス・グループ」との買収交渉が約9億6500万ポンド（当時の為替レートで約2063億円）で決着したが、交渉は森と佐川を中心に進み、体調不良の中川は蚊帳の外に置かれた。

損失隠しルートをすべて解消

ところでジャイラス社の買収額は、簿外損失の解消に充てるには少なすぎた。これまで買収交渉を行った相手の中には、ジャイラス社の3倍に当たる額を必要とする企業もあったからだ。安い買い物ができて喜ぶべきなのに、山田らは逆に困惑していた。

ジャイラス社買収後の07年10月末、オリンパスとアクシーズ・グループとの間でFA報酬の引き上げが話し合われる。その結果、佐川の「アクシーズ・アメリカ」に現金とジャイラス社の株式オプション（売買権）、それにワラント（新株予約権）の購入権が報酬として付与されることが決まった。金額は合わせて約2億3900万ドル（同241億7300万円）。これがのちに2・8倍もの値段で買い戻されることになる。

08年6月には、アクシーズ・アメリカに付与されていた株式オプションとワラント購入権が、英領ケイマン諸島籍の佐川のファンド「アクサム・インベストメント」に移される（株式オプションは08年9月に配当優先株に変更）。更にFA報酬額を引き上げることでアクシーズ・グループと合意していたオリンパスは、08年9月にワラント購入権を5000万ドル（同約53億3000万円）で、10年3月に配当優先株を6億2000万ドル（同約579億円）でアクサムから買い取った。

森と佐川が配当優先株の買い取り額について協議していた08年9月ごろ、社長の菊川は山田と森に「どうだ、全部消せるか?」「これで終わるといいな」などと珍しく弱音を吐いた。経理財務担当常務の時代から含み損隠しに関わってきた菊川にとって、シンガポール・ルートの解消は唯一見通しが立っていない悩みのタネだった。

だが菊川の念願が叶う日がついに訪れた。ワラント購入権と配当優先株の買い取りでアクサムに送金された資金は、英領ケイマン諸島の簿外ファンドを経由し、シンガポールのチャンが組成した債券投資ファンドに10年4月に還流。債券投資ファンドからは10年9月と11年3月に合計約631億円がオリンパスに償還され、シンガポール・ルートはようやく解消された——。

架空ののれん代計上に異議を唱えた監査法人をクビに

さて、国内のベンチャー3社の株式を著しく高値で買い取ったことと、ジャイラス社買収に伴う高額なFA報酬を支払ったことで、菊川と山田らは08年3月期から有価証券報告書の連結貸借対照表にのれん代を計上し始める。

同期にはベンチャー企業3社の株式買い取りに伴うのれん代を約543億円、ジャイラス社買収に関してはアクシーズ・アメリカに付与したジャイラス社の株式オプション約1億7700万ドル（同約177億6000万円）をのれん代として計上した。FA報酬ののれん代についてはさらに、アクサムから買い取ったジャイラス社のワラント購入権約5000万ドル（同約53億3000万円）を、09年3月期の第2四半期の連結貸借対照表にのれん代として計上した。菊川らのシナリオは順調に進むように見えた。

ところが監査を担当するあずさ監査法人（旧・朝日監査法人）が、これに異を唱える。99年にオリンパスの飛ばしの一端を見破った同監査法人は08年12月、ベンチャー3社の株買い取りに対して「実績がない会社なのに取得価格が著しく高額で、買収判断の合理性にも疑問がある」、FA報酬に対しては「対価性が乏しい」と意見をつけた。山田らの申し開きを聞いた社内の監査役会が説得したが、同監査法人は納得しなかった。

このため09年3月期本決算で山田らは、ベンチャー3社株に関するのれん代は約47億円しか計上できず、08年3月期と合わせて約556億円を一括して減損処理。FA報酬に関するのれん代も、これまでに計上した230億9000万円の3分の2に当たる約155億円を「前期損益修正損」として計上せざるを得なくなった。

だが、さすがのあずさ監査法人もこれが「姿を変えた簿外損失」とは気づかなかったようだ。のれん代計上の違法性を問われることを恐れた菊川と山田らは09年5月、知人の弁護士と公認会計士、元大学教授の3人で構成する「第三者委員会」を設置して新事業3社の株式の取得価格などについて調査を依頼。そのわずか1週間後、同委員会は「取引自体の不正・違法行為、取締役の善管注意義務違反があったと評価できるほどの事情は認識できなかった」という意見書を提出した。絵にかいたような出来レースだが、あずさ監査法人は、09年3月期の連結決算報告書の内容を妥当とする「無限定適正意見」（財務諸表の会計処理がすべての面で適正とする意見）を出さざるを得なかった。

同年7月、菊川は満期を迎えたあずさ監査法人との契約を更新せずに新日本監査法人に変更、目の上のたん瘤を取り除いた。これにより、あずさ監査法人が難色を示していた配当優先株の買い取りや、それに伴うのれん代の計上は、何事もなかったかのようにスムーズに運んだ。オリンパスは10年3月期の連結貸借対照表に、配当優先株の買い取り代金のうち約412億円をのれん代として計上。11年3月期ものれん代の計上は全額認められ、山田らが92年から始めた損失隠し工作は、その後も滞りなく進んだ。

ちなみに新日本監査法人は、第1章の東芝の監査法人でもある。同監査法人はこのオリンパス粉飾決算問題で、12年7月に金融庁から業務改善命令を受けたが、東芝の不正会計では15年12月、21億円の課徴金支払いと、新規契約業務の3ヵ月間停止などの処分を受け、理事長の英公一が引責辞任した。東芝の件は、別の監査法人が東芝に入れ知恵していた疑いが濃厚とはいうものの、新日本は顧客に愛される監査法人でも目指しているのだろうか。

証取法違反などでついに逮捕

だが結局、山田らが20年間続けた悪あがきは最悪の結果に終わった。

12年2月16日、東京地検特捜部と警視庁捜査二課は証取法違反、金商法違反などの疑いで菊川、山田、森、中川、横尾、羽田、小野の7人を逮捕し、特捜部は翌3月28日に全員を起訴した。横尾と羽田はベンチャー3社株を群馬県高崎市の化学メーカー「群栄化学工業」に著しく高値で販売した詐欺罪でも起訴され、さらに小野を加えた3人は、オリンパスから受け取った成功報酬をタックスヘイブンを利用して隠匿したとして、組織犯罪処罰法違反の罪にも問われた。この2つの罪の詳細を記す紙幅は尽きたが、無罪の証拠を全く無視して横尾ら3人を実刑に陥れようとする、特捜部の強引なシナリオ捜査の杜撰《ずさん》さは、目を覆うばかりだ。

オリンパスの3人の公判は一審の東京地裁で執行猶予付きの有罪判決が下り（法人としてのオリンパスには罰金7億円）、13年7月に早々と終了。一方で、検察側から「粉飾決算の指南役」とされた中川とGCIグループの公判は分離して行われたが、全員が「山田らから簿外損失の存在を具体的に伝えられた上で協力した」とする検察側の主張を真っ向から否定した。一審の東京地裁は虚偽有価証券報告書の提出について「共謀共同正犯」ではなく、より関与の度合いが低い「幇助犯」と認定。中川と小野を執行猶予付きの有罪とする一方、詐欺罪を追加された横尾と羽田には実刑判決を下した。4人はいずれも判決内容を不服として上告中だ。

他方、15年10月に在宅起訴された米国在住の佐川は、16年4月の初公判で「OCMにゆすりまがいのことをされて困っていたオリンパスを救いたいという使命感から、結果的に損失隠しに協力することになった」と起訴事実を認めた。その後は「早い段階から簿外損失の存在を承知した上で協力した」とする検察側の主張を否定し、「供述調書には取り調べ検事の作文が数多く含まれている」と不満を口にしたものの、同年10月の執行猶予付きの有罪判決を受け入れた。

事件を主導したオリンパスの菊川らは、指南役と指弾された4人の一審の公判に、検察側の証人として出廷。その中でこんな証言をして傍聴席の顰蹙《ひんしゅく》を買った。

「協力いただいた方々が最初に協力を拒否されるか、極めて早い段階で協力を辞退されていれば、その後の発展状況や展開もかなり変わったのではないか。このスキームは、オリンパスの社員ではとても構築・維持できるものではありません」

責任逃れも甚だしい。オリンパスの含み損隠しスキームは山田や森、さらに自他ともに認める財務・経理の生き字引である中塚が構築したもので、佐川を含む5人は、簿外損失の存在を知らされていない。検察側に指示された上での証言であることを割り引いても、こんな無責任極まりない言葉を恥ずかしげもなく口にする経営者がのさばるから、日本企業は世界中で置き去りにされるのだ。菊川はきっと、自らが後任に指名した英国人のウッドフォードが自分に歯向かうなどとは、よもや思わなかったことだろう。内輪の論理が罷り通る日本企業の経営者の典型例である。

4　NHK記者「インサイダー取引」問題（2008年）

NHK記者に良心の呵責は存在していなかったのか？

記者として数え切れないほどの経済事件を取材してきたが、この一件ほど悪事を働いた当人たちに蔑みの感情を抱いたことはない。

2008年1月に証券取引等監視委員会（SESC）課徴金・開示検査課が立ち入り調査した、NHK記者3人によるインサイダー取引問題。社内の報道情報システム（原稿や取材予定、カメラ取材の依頼などを入力し、報道に関わる局員全体が情報を共有できるコンピューターシステム）に入力された放送前の特ダネ記事をもとに、3人は該当する上場企業の株式を売買し、合わせて約110万円の利益を上げていた。

社会を動かす未公開情報に接し、それを記事にして発信する報道人は、誤解を受けないためにも株取引には慎重でなければならない。インサイダー取引など論外だ。ところが3人はそれまでにも報道情報システム上の情報を参考に、勤務時間中にインターネット証券を利用した株取引を行っていた。社内規定でそれが許されていない行為だという認識さえなかった。

3人は懲戒免職になったが、利得額が少なく、事情聴取でインサイダー取引を認めたことから、課徴金は数万円から数十万円にとどまり、刑事告発はされなかった。だが私にとっては、便利なインターネットの普及が記者のモラルさえ低下させていることを白日の下に晒した〝事件〟だった。

「密をかけた」独自ネタ

07年3月8日午前11時過ぎ、NHK放送センター（東京都渋谷区神南）2階にあるニュースセンター（NC）の経済部に、記者の一人から電話がかかってきた。

「ゼンショーが、『かっぱ寿司』を展開しているカッパ・クリエイトの発行済み株式の3分の1超を、TOB（株式公開買い付け）で取得するようです。独自ネタです」

ゼンショーは牛丼チェーン「すき家」を展開する外食大手で、カッパ・クリエイトは回転寿司チェーン「かっぱ寿司」を展開する外食大手。ともに東京証券取引所第一部上場で、消費者の知名度が高い会社だ。上場会社の合併や資本提携に関する情報は記者といえどもそうたやすく入手できるものではなく、ましてや両社のような知名度の高い会社の資本提携を単独で「抜く」ことは、会社の方から記事化のアプローチを受ける日本経済新聞を除けば、報道機関とその記者にとっては立派な勲章である。

記者の報告を受けたNHK経済部のデスクはさっそくこの情報を原稿にするため、正午過ぎに民間企業取材グループのキャップに裏付けの取材と原稿の作成を指示。さらに「外食問題」という仮のタイトルをつけた原稿の予定出稿時間や、「すき家」「かっぱ寿司」といった店舗の外観映像の取材依頼を報道情報システムに入力した。デスクは原稿の出稿予定時間を14時30分としたが、その内容までは入力しなかった。

デスクの指示を受けたキャップは正午過ぎ、千代田区平河町の千代田放送会館にある経済部の千代田分室に出向く。そこで流通担当の記者に「ゼンショーとカッパ・クリエイトの会社の規模や最近の動向を収集してくれ」と指示するとともに、デスクから伝えられた情報に基づいて原稿の執筆を始めた。

午後1時23分、キャップは担当記者が収集した情報を取り込んで原稿を完成させ、分室の報道情報端末（報道情報システムの作業用コンピューター）からこれを報道情報システムに入力した。原稿は以下のような内容だった。

「外食大手のゼンショーが競争力を強化するため、回転寿司チェーンで国内トップクラスのカッパ・クリエイトの3分の1を超える株式をTOBで取得し、グループ会社化する方針を固めた」

キャップ以下の記者が同システムに入力する、デスクの手直しを受ける前段階の原稿は、局内で「素原稿」と呼ばれる。キャップはこの素原稿に、デスクと同じく「外食問題」という仮タイトルを付け、さらに4ケタの暗証番号を振って「密をかけた」。この2つの手順はともに、特ダネや独自ネタ扱いの原稿の内容が、取材に関与した記者以外に漏れることを防ぐための措置。記事を読むには暗証番号の入力が必要になる。キャップは素原稿の入力後、暗証番号を電話でデスクに伝えた。

午後1時40分、素原稿にデスクが手を入れた修正版が報道情報システムに入力される。同2時過ぎ、キャップと担当記者は日経新聞の情報端末「日経クイック」を閲覧し、同じ趣旨の記事が同紙夕刊に掲載されないことを確認した。前述したように、こうした内容の情報は、大半が会社側から日経に先にリークされることが多い。このネタを単独で報道できると分かったNHK経済部はかなり盛り上がったはずだ。キャップと担当記者は、原稿を同3時のニュースで独自ネタとして放送しようと決めた。

手順違いで記事の中身が分かるタイトルに

午後2時22分、流通担当の記者は千代田分室から業務用の携帯電話を使ってゼンショーに確認の電話を入れた。ゼンショー側はカッパ・クリエイトのグループ化の事実を認めただけでなく、NHKの素原稿の事実内容に誤りがあることも指摘。TOBではなく、ゼンショーがカッパ・クリエイトの第三者割当増資を引き受けることで、カッパ・クリエイト株式の約30%を保有するという。

担当記者からこの報告を受けたキャップは午後2時33分、すぐにNCのデスクに連絡。デスクは報道情報端末を使い、いったん手直ししていた素原稿の修正版を「ゼンショーがカッパ・クリエイトの30%余りの株式を取得しグループ会社化する方針で、カッパ・クリエイト側もこれに賛同している」とさらに修正し、キャップと電話で内容を確認した上で、同2時38分に原稿を汎用化（原稿を放送に使用できる状態にすること。パスワードなしで読める）した。そして同じ時刻にはマイクで「ゼンショーがカッパ・クリエイト株式の約30%を取得しグループ化する」とNC内にアナウンスした。

密をかけた原稿のタイトルは通常、汎用化の段階まで原稿の内容そのものが推測できないようになっている。この原稿のタイトル名も、キャップが入力した段階では「外食問題」とされていた。ところが素原稿をデスクが手直しした修正版のタイトルは、原稿の中身が分かってしまうようなものになっていたようだ。

というのも、のちにインサイダー取引に問われる水戸放送局放送部ディレクターのX（40）、放送総局報道局ニュース制作センターテレビニュース部制作記者のY（33）、岐阜放送局放送部記者のZ（30）の3人のうち、XとZの2人が「職員の株取引問題に関する第三者委員会」などの事情聴取に対して「報道情報システムの（画面の）下部のやや右側に、ゼンショーとカッパのグループ化を示すような1行のヘッダー（タイトル）を見た記憶がある」と話しているのだ。3人はそれぞれ別の場所で報道情報システムを見ていた。

画面の下の部分とは記者が入稿した素原稿や、これをデスクが手直しした汎用化前の修正版のタイトルが表示されている場所のこと。素原稿は汎用化とともに消去される仕組みのため、第三者委が調べた段階では存在していない。

当日の作業をした経済部のデスクとキャップは「（出稿の）手順は通常と同じだった」

と証言したが、第三者委は「遅くともZがゼンショー株を購入した午後2時20分過ぎ（最も遅い場合でも同2時28分）までに、原稿のタイトルが内容を推測できるものに変更されていたと認めるのが合理的。タイトル変更に伴い、このニュースが独自ネタであることを意味する（独）が付されたと推測される」と結論付けた。経済部のデスクやキャップは、新聞なら1面トップ級の独自ネタに興奮し、手順を間違えたのか。

インサイダー取引とは「上場会社などの関係者（会社関係者）が、その立場を利用して重要な情報（重要事実）を入手し、それが公にされる（公表）前に、その会社の株式等を売買すること」だ。金融商品取引法は「会社関係者等のインサイダー取引規制」（同法第166条）と、TOBなど株式の公開買い付けの関係者を対象にした「公開買付者等関係者等のインサイダー取引」（同法第167条）の2パターンを定めている。

また同法第166条3項は、会社関係者や元会社関係者だけでなく、こうした人たちから重要事実を直接伝えられた「第一次情報受領者」もインサイダー取引規制の対象としており、これに加えて重要事実の伝達を職務上受けた人が所属する法人の役職員なども、その重要事実を職務に関して知った場合はインサイダー取引規制の対象になるとしている。

例えば報道機関の記者が取材先の会社から「重要事実」の伝達を受けた場合、その記者は「第一次情報受領者」としてインサイダー取引規制の対象になる。さらにその記者が伝達を受けた重要事実を、同じ報道機関の編集担当者などが職務に関して（＝同じ報道機関の情報端末や館内放送で）知った場合、同じ第一次情報受領者としてインサイダー取引規制の対象になる。このＮＨＫ記者の場合、これにピッタリ該当するのだ。

勤務時間中にも株取引

さて、経済部のデスクの手違いで独自ネタの情報が事前に漏れていたからと言って、それを基にインサイダー取引をすることなど論外だ。「報道に携わる立場にありながら、日常的に株取引をしていた」という3人の記者は、一体どんな人物だったのか。

１９９２年に入局した水戸放送局のXは、この時点で16年目。同局のローカル番組のディレクターで、06年4月以降は午後5時から生放送されるローカル番組のデスクの立場にあった。勤務時間中も、休憩時間には放送局から自転車で5分の自宅に帰って昼食を取ったり、自宅のパソコンでたびたび株取引をしていたという。ローカル局のディレクターには報道情報端末を利用する必要性がそれほどないにもかかわらず、Xの利用頻度は突出して高かったという。

04年5月ごろから複数の証券会社にオンライン取引口座を開設して株取引を開始。自宅パソコンや私用の携帯電話、モバイル端末を利用して、05年2月から08年1月までの間に100銘柄で売り730回、買い807回の株取引を行った。05年以降はリスクの高い信用取引を行っていた。第三者委の事情聴取にXはこう答えている。

「口座を開設した当時はネット証券での株取引がブームになり始めたころで、自分もやってみようと思いました。株取引は自発的に始めましたが、自分が取材の上で企業関係の情報を知り得る立場にあり、それが株取引との関係で問題になる可能性があることには思いが至りませんでした」

さて、問題の3月8日、Xは午前10時に出勤して複数の会議や打ち合わせをこなしたあと、午後2時半までに放送部フロアに置かれていた情報端末から報道情報システムにアクセスし、「ゼンショーがかっぱ寿司をグループ化する」という汎用化前の原稿のタイトルを目にした。会社名の「カッパ・クリエイト」ではなくチェーン店名の「かっぱ寿司」になっていたため、急いで自宅に戻ったXはパソコンを開き、かっぱ寿司を経営している会社がカッパ・クリエイトであることを確認。同社株の日足チャートを検索して値上がり傾向にあることを確かめると、オンライン口座を通じて午後2時45分から3回にわたり、信用取引によって合計3000株を515万円で購入した。

そして遅くとも午後4時までには放送局に戻り、同5時からの生放送に向けた準備を進め、翌日の出勤前の午前9時1分に全株を売却して合計52万円の利益を得た。

第三者委の調査によると、それ以外にもXは05年2月以降、報道情報システムに入力された会社情報のうち、31件を株取引に利用していた。いずれもインサイダー取引には当たらなかったものの、そうした中には原稿ではなく、記者会見の日時や場所、カメラの取材現場到着時間といった「予定」の画面やタイトルも含まれていた。

「報道情報端末を見て株取引することが習慣になっていました。株取引の損を少しでも取り戻そうと焦っていたので、報道情報端末を見て株取引することが許されるのかどうか深く考えることもなく、自覚のないまま習慣化していた気がします」

NHKのコンプライアンス教育も不十分

放送センター報道局制作センターに勤務するYは96年の入局。金沢局放送部、名古屋局報道部を経て、06年7月から東京のテレビニュース部制作記者の職にあった。記者の肩書ではあるものの、記者クラブに所属する外勤の記者ではなく、彼らの原稿が放送される際の映像を編集したり、字幕スーパーを挿入したりするシフト勤務職場だ。私が在籍したテレビ朝日報道局では「受け」と呼ばれ、配属されたばかりの新人が仕事を覚えるために数ヵ月間担当する、研修のような仕事である。曲がりなりにも10年選手の記者のYにとって、面白い仕事だったはずがない。

Yが株取引を始めたのは名古屋放送局時代の06年2月。自分と妻の預貯金から合わせて1000万円ほどを、インターネット証券を通じて株と投資信託で運用することにした。Xのような信用取引ではなく、現物株の取引だったが、売買の注文は自宅のパソコン以外に、NHKから支給された業務用の携帯電話を使って発注していた。

「株取引は知り合いから勧められて始めました。名古屋時代は主に移動のタクシーの車内やトイレで、東京ではNCの廊下やトイレ、階段などで業務用の携帯電話を使って取引し、自宅外では証券会社の携帯電話用ウェブサイトにアクセスして発注しました。20銘柄ほどを『お気に入り』に登録し、常にこれを入れ替えて取引していたのですが、途中から小遣い稼ぎのための短期売買が多くなり、多い日には1日に株価を5、6回チェックして売り時を探っていました」

問題の07年3月8日、午前10時前に出勤したYは前日に購入した銘柄の値動きが気になり、午後2時過ぎにいつもの携帯用ウェブサイトにアクセスした。するとお気に入りに登録していた銘柄の多くが値下がりする中で、たまたま登録してあったカッパ・クリエイトだけが値上がりしていた。そこに同2時38分、ゼンショーの記事を汎用化したという経済部デスクのアナウンスが流れた。

YはNCの廊下に向かいながら業務用の携帯電話でウェブサイトにアクセス。カッパ・クリエイト株の値上がりを確認し、午後2時41分に1000株を成り行き注文した。その1分後から4回にわたって取引が成立し、Yは1000株を合計171万50円で購入。翌9日の出勤前の午前10時18分に全株を181万1250円で売却し、10万1200円の売却益を手にした。

Yにもインサイダー取引には当たらないものの、自ら作成に関わった独自ネタの会社情報を材料に売買したと認められる株取引が1件存在していた。Yは第三者委員会の事情聴取に、こんな弁解をしたという。

「『NHK倫理・行動憲章』に『取材で得た情報を個人の利益のために利用しません』と定められていることは認識していませんでした。この点について社内研修が行われた記憶もありません。社内でインサイダー取引に関する研修が行われたことはなく、何がインサイダー取引に当たるのかよく理解していませんでした。カッパ・クリエイトの件もインサイダー取引に当たるとの認識はありませんでした」

Y自身に報道人としての倫理観が欠如していたことは言を俟《ま》たないが、NHKのコンプライアンス教育も不十分、不徹底だったことは否めない。

記者パソコンを破壊して証拠隠滅

3人目の岐阜放送局のZは、03年4月の入局。同局に配属されたあと、05年7月から07年6月まで県内にある一人体制の多治見報道室で勤務しており、07年7月に同局放送部に戻った。カッパ・クリエイト株のインサイダー取引は多治見報道室に勤務していた時代のことで、自宅は報道室から徒歩で数分の距離にあった。報道室には報道情報端末が設置されておらず、ZはNHKから貸し与えられた記者パソコンを使って報道情報システムにアクセスしていた。

ZがA、Bの2つの証券会社にインターネット取引の口座を開設し、株取引を始めたのも、多治見報道室に赴任後の05年12月ごろのことだ。A証券では06年中に12銘柄で30

回（売り13回、買い17回）、07年中には5銘柄で37回（売り14回、買い23回）の売買をしており、現物取引と信用取引を併用していた。

第三者委の設立前に事情聴取したNHK担当者に、Zは「時間的に余裕があったので、昼食を食べに自宅に戻った際、自宅のパソコンで株取引をしていた」と話している。ところがZは記者パソコン内のデータを意図的に消去・破壊し、パソコンそのものも物理的に破壊していた。つまりZが使っていた記者パソコンには、第三者委に閲覧されると不都合なデータが存在しており、記者パソコンで株取引をしていたのは間違いないだろう。「一人勤務体制の報道室勤務に不満があり、不安や寂しさを感じていました」。ZはNHK担当者にこう話したが、第三者委への協力は体調不良を理由に拒んだ。

さて、問題の3月8日、Zは午前8時ごろに報道室に出勤。午前中は「校庭にホタルの幼虫を放流」という取材をしたあと、報道室に戻り、午後2時7分にこの原稿を報道情報システムに入稿。同2時20分ごろには昼食のため自宅に戻り、記者パソコンから報道情報システムにアクセスして「ゼンショーがかっぱ寿司をグループ化する」という汎用化前の原稿のタイトルに目を留めた。

Zは同2時20分台にゼンショー株の買い注文を出し、遅くとも同2時33分までに買い注文を終わらせて合計２５００株を３２７万６０００円で購入。カッパ・クリエイト株についても同2時33分までに買い注文を出し、現物取引で合計２０００株、信用取引で合計１１５０株を５３９万７９００円で購入した。そして翌日の出勤前には自宅のパソコンからA証券のオンライン口座を通じてゼンショー株合計２５００株を３３４万５５００円で、カッパ・クリエイト株合計３１５０株を５８５万７２００円で売却し、合計52万８８００円の売却益を手にした。ＺはＮＨＫ担当者にこう話している。

「06年後半に20万円程度の損をしており、当日は自宅でパソコンが目の前にあったので、手軽にやってしまいました。インサイダー取引に当たるかも知れないという考えが頭をよぎりましたが、株で負けている意識があり、プラスに戻したいと思っていました。それに『明日には上がっていても下がっていても売るんだ』という気持ちでした」

Ｚにも報道情報システムに入力された原稿を参考に株取引したケースが1件あった。「指摘を受けて正直ホッとした。指摘がなければ魔が差してまたやったかもしれない」

ＮＨＫ担当者の聴取に、Ｚはこんな本音を吐露したという。何をかいわんやである。

インサイダー取引は必ずバレる

この問題は08年3月19日、金融庁がXに17万円、Yに6万円、Zに26万円の課徴金を納付するよう命令した。利得額は事の重大性の割には少額で、規定に基づいて計算された課徴金も微々たる額に過ぎなかったが、NHKは4月10日付で3人を懲戒免職処分にした。当然の措置だろう。

7月11日、NHKは報道情報システムの使用を認められている職員や、報道局・海外総支局に所属する職員の株取引を原則禁止する「インサイダー取引の再発防止に向けた取り組み」を発表。報道情報システムの「予定」も「密をかける」ようにした。

SESCの市場分析審査課や証券取引所の売買審査室は、特定の銘柄に売買の材料となる情報が流れた場合、即座に証券会社から売買委託者の属性や売買の手口の情報を取り寄せ、分析する。さらに09年1月には全国の証券会社、証券取引所、SESCをはじめとする金融当局の間で統一的なネットワークが構築され、売買審査に関する情報を一元的に交換する「コンプライアンスWAN」が稼働した。今やインサイダー取引は必ずバレる仕組みになっている。当局をあまり甘く見ない方が身のためだ。

5 第一勧業銀行と大手証券4社「総会屋利益供与」事件（1997年）

大銀行はなぜ気鋭の総会屋に絡め取られたのか？

　山一證券、北海道拓殖銀行、三洋証券などの経営破綻により、日本の金融システムが崩壊の危機に瀕した1997年。この年はまた、大手都市銀行の第一勧業銀行（DKB、現・みずほ銀行）と野村、大和、日興（現・SMBC日興）、山一の大手証券4社が小池隆一という総会屋一人に対して、公訴時効にかからないものだけで合計128億円もの利益を供与していたことが発覚、日本中が騒然となった。

　商法違反などの疑いで東京地検特捜部に逮捕・起訴された、DKBと大手証券4社の幹部は合わせて32人（全員が執行猶予付きの有罪判決）。小池が師事した総会屋で大物フィクサーの木島力也と長年親しく付き合い、利益供与事件のきっかけを作ったDKB元会長の宮崎邦次は特捜部の事情聴取を受けた後に自殺し、同行の頭取だった近藤克彦

（59）は木島や小池との関係を〝呪縛〟と呼んだ。この銀行の危機に、後に「4人組」と呼ばれる中堅幹部が改革に立ち上がり、何とか切り抜けたことは、後日、ニュースや本などで紹介されたので、ご記憶の方もあるだろう。いずれにせよ、揉め事を表沙汰にせず、水面下で処理しようとする日本企業の、今なお続く典型的な姿がここにある。

大物総会屋2人の知遇を得る

新潟県加茂市の裕福な織物問屋の長男として43年に生を受けた小池は、学業優秀な義俠心溢れる若者で、小柄ながら柔道の有段者だった。のちにDKBから事実上の無担保融資を受ける不動産会社「小甚ビルディング」（東京都港区）の「小甚」とは、小池の実家の屋号だ。地元の高校に進学したものの、何らかの理由で中退し、68年ごろ上京した小池は当初、都内最大の総会屋集団で武闘派として知られた小川薫が率いるグループに属した。小川グループは企業の株主総会に出席し、定款の変更や取締役・監査役の選任など経営側が提案した議案に執拗に反対して総会を混乱させる「野党総会屋」として名を馳せており、小池も小川の下で新進気鋭の総会屋として売り出した。

株主総会は株式会社の意思を決定する機関。総会屋はある会社の株式を少数保有し、その会社からの依頼に応じて株主総会の議事進行に協力、配当金以外の金品を得ることを生業とする。会社側が利益の提供を拒んだ場合は、会社の業績面のミスや不祥事、経営幹部の個人的なスキャンダルなどを執拗に追及して議事進行を妨害し、自分の存在感をアピールする。前者は「与党総会屋」、後者は「野党総会屋」と呼ばれるが、82年10月の改正商法の施行で利益供与が禁止されても、企業は総会屋が発行する情報誌の購読料などの形で利益供与を続けた。

そうした中で小池は73年の東急電鉄の株主総会で、映画雑誌「キネマ旬報社」社長にして大物総会屋、上森子鉄《かみもりしてつ》の知遇を得る。金沢市出身の上森は、戦前に文藝春秋社の監査役を務め、戦後は日本航空（ＪＡＬ）の初代会長で外相も務めた衆議院議員の藤山愛一郎の側近としてＪＡＬの顧問に就任、51年の同社の設立総会を取り仕切った。その人脈は三菱グループや、政財界に顔が広かった大手百貨店「そごう」社長の水島廣夫、さらには「東京地検特捜部の生みの親」と称された検事の河井信太郎や、暴力団をバックに持つ大物右翼の児玉誉士夫や岡村吾一など多士済々だった。大手証券会社で総会屋の窓口役だった総務部の元幹部が語る。

「上森自身、単なる総会屋というよりフィクサー的な存在でした。小川の下で野党総会屋として売り出した小池は、上森の薫陶を受けて与党総会屋に転身。企業に恐れられる存在から、企業に受け入れられる存在に替わっていったのです」

さらに小池は76年、児玉にロッキード事件との関連を問い質そうとしたことをきっかけに、児玉の側近で出版社「現代評論社」社長の木島力也の事務所に出入りを始めた。

小池と同じ新潟県出身の木島は、60年代後半に勃発した神戸製鋼所の内紛の調停や、71年10月のDKB誕生（第一銀行と勧業銀行の合併）の裏側で暗躍。神鋼のメインバンクでもあった第一銀行に大いに顔を売り、歴代のDKB首脳にとってアンタッチャブルな存在となった。

そんなDKB首脳の中でも特に木島の影響を受けたのが、小池に対する利益供与事件の陰の主役で、88年6月に58歳で頭取に就任した宮崎邦次だった。神鋼の取引支店だった神戸支店の次長として、木島のフィクサーとしての実力を見せつけられた宮崎は、DKB誕生の半年後に本店勤務となり、エリートコースの企画部勤務を経て、DKB初代会長の井上薫の秘書役に45歳で就任。井上と木島の親密ぶりを目の当たりにした。97年

5月28日の参議院予算委員会の参考人質問で、宮崎は世の中がまだ融通無碍《ゆうずうむげ》だった時代の木島との付き合いについてこう語っている。

「歴代トップが付き合いをさせていただいたのは事実ですし、私も頭取になった時には（銀行に木島が）見えた時に（中村一郎）会長と一緒に会いました。元出版社社長（木島）のご子息は私どもの親密な取引先の会社に勤めておられ、結婚式にも喜んで出ました。歴代トップに聞いても、依頼されたり依頼したりというようなことは一切なかったと聞いており、私もオープンに付き合っていました」

木島は82年10月の改正商法の施行を受け、企業から広告賛助金（実際には広告は掲載されないのに広告料として支出されるカネ）を集めていた新左翼系雑誌『現代の眼』を廃刊する。だがＤＫＢには役員人事に介入するなど、強い影響力を持ち続けた。この木島との出会いが、のちに小池の人生を大きく変えることになる。

与党総会屋としての地位を確立

政財界に影響力を持つそうした上森や木島のバックアップを受けて、小池は与党総会屋としての地位を確立していく。

86年8月、三菱重工業は野村など大手証券4社を引受幹事として1000億円もの転換社債（CB）を発行したが、三菱重工はこのうちの100億円分について、山一証券に指示して、自民党の防衛族議員や自社に出入りする総会屋に割り当てた。世に言う三菱重工CB事件だ。この事件で小池は三菱重工に依頼され、山一をはじめとする大手証券4社と三菱重工との折衝役を務めた。

株価が右肩上がりだったバブル期には、株価はCBの発行直後に株式への転換価格を上回り、投資家は転換した株式を売却して短期間で利益を上げた。このため企業は水面下での利益供与の手段として、CBを総会屋に割り当てたが、三菱重工は政界工作にこれを利用した。

ところがこの割当先のリストが同年12月、山一証券からマスコミに漏れて一大スキャンダルとなり、東京地検特捜部が内偵捜査を始めた。特捜部は、割り当てられたCBを売却して利益を得た自民党の防衛族議員を標的に、贈収賄容疑での立件を狙った。しかし、事態は予想外の展開を見せる。

「山一の社内調査でリストを漏洩させたことを認めた副社長が87年1月に自殺し、特捜部も政界の混乱を懸念した当時の部長が捜査を打ち切った。小池は三菱重工と山一の内部事情に精通している上森の意向を受けて後始末に動き、問題発覚後の両社の株主総会を仕切って無事に終わらせたのです」（前出の総務部元幹部）

さらに小池が総会屋として名を挙げたのが、88年のＤＫＢの株主総会だ。

同年３月、木島と親密なＤＫＢの麴町支店（東京都千代田区）で約36億円の不正融資が発覚。当期の株主総会を２週間後に控えた６月17日、不正融資を進めた支店の前課長と融資先の不動産会社社長が逮捕され、他にも不正融資をめぐる様々な疑惑が噴出する。

そんな中で開かれる株主総会での大きな議案に、トップ人事があった。合併行のＤＫＢはトップ交代に際して会長と頭取が同時に退任し、さらに第一銀行出身者と勧業銀行出身者がたすき掛けの形で会長と頭取を務める人事スタイルをとっている。今回のトップ人事では、副頭取の宮崎が頭取に就任することになっていた。切羽詰まった総務担当役員の協力要請を受けた木島から指示されて、小池が総会を仕切ることになった。

すでに自分の名義で６６００株のＤＫＢ株を保有していた小池はこの時、20人の架空名義を利用してＤＫＢ株を１０００株ずつ、合計２万株購入。６月29日の総会では、この株を木島が付き合っている暴力団の組員十数人に持たせ、議場で睨みを利かせる一方、総会で騒ぎを起こしそうな複数の野党総会屋には、発言を見送るよう事前に働きかけていた。一般株主から麹町支店の不祥事を追及する質問が出たものの、総会は混乱もなく1時間余りで終了、トップ人事も承認された。

前出の総務部元幹部は「この時の小池の手際の良さと存在感は圧倒的で、当事者のDKBだけでなく、他の企業の総会担当者も『小池のバックには本当に暴力団がいる。敵に回すと大変なことになる』と震え上がったものです」と振り返る。

翌年からDKBの総会に単独で出席するようになった小池は、事前に野党総会屋に出席や発言を止めるよう働きかけて紛糾を防いだ。その結果、小池の関係先に対するDKBの融資が、89年以降に急増する。

大手証券4社の株式を30万株ずつ購入

DKBの窮地を小池が救ってから8ヵ月後の89年2月8日。小池の実弟の嘉矩《よしのり》が社長を務める「小甚ビルディング」に、DKBから31億6000万円が融資された。これは大手証券4社の株式を30万株ずつ、合計120万株を購入するための資金だった。株式会社の発行済み株式を30万株以上保有していれば、株主総会で役員の解任などを提案する「株主提案権」を持つことができるからだ。小池はこれを材料に証券会社に圧力をかけようと企んだとされているが、実はこの融資は木島が発案してＤＫＢに融資させたものだった。

87年12月に設立された小甚ビルの資本金はわずか５００万円。融資の担保になる不動産は保有しておらず、実態は資産運用会社に過ぎなかった。小池が小甚ビル名義で購入した大手証券4社の株式１２０万株はＤＫＢからの融資の担保になったが、当時の時価で評価すると31億１０００万円に過ぎず、担保価値を１００％で計算しても、すでに５０００万円の不足。通常の70％で計算すると、約10億円の不足だった。

ＤＫＢの審査部門は当初、大手証券4社の株式購入資金を小甚ビルに融資することに難色を示した。だが歴代トップが下にも置かない扱いの木島が総務部に依頼した案件とあって、了承せざるを得なかった。97年6月5日の衆議院予算委員会で、前頭取の近藤克彦はこう証言した。

「ご紹介者の元出版社社長は大変そういう影響力がある方で、歴代トップもいろいろご親交があるので、総務のラインとしては可能な限りでお応えしていかなければならないという気持ちを持っていたことは事実だと思います。審査の方でもいろいろ意見は出たと思いますが、やはり総務部がここまで言っている案件なので、まあ何とかかと」

このあとさらに、大手証券4社の取引一任勘定口座で運用させる資金や、木島が肩入れしていた東京の不動産会社「ライベックス」が手掛ける山梨県のゴルフ場の開発資金など、DKBが小甚ビルと弟の嘉矩の口座に融資した総額は、96年9月までに総額460億円にも達することになる。このうちの186億円は、同行が事実上の債務保証を行って取引先のノンバンク「大和信用」から迂回融資した。すべてが事実上の無担保という、通常では絶対にありえない融資だった。

火種になった91年の証券スキャンダル

小池に30万株ずつを握られた大手証券4社は、91年夏に深刻な事態に見舞われた。大口の法人顧客に対する損失補塡など、いわゆる証券スキャンダルである。6月20日の読売新聞朝刊が「野村證券が90年3月期に大口顧客に対して損失補塡していたことが、東京国税局の調査で分かった」と報じたのを契機に、他の大手証券3社も同様の損失補塡を行っていたことが次々と明らかになったのだ。

これと相前後して、野村と日興が系列のノンバンクを通じて指定暴力団「稲川会」前会長の石井進に合計360億円を融資していたことなども報じられ、野村社長の田淵義久と日興社長の岩崎琢也が6月24日に辞意を表明。同月27日に開かれた野村の株主総会では、田淵が「損失は営業特金の見直しに際して生じたもので、すべてを大蔵省にお届けしており、その処理についても承諾いただいていた」と真相を暴露したため、メンツを潰されたと感じた大蔵大臣（当時）の橋本龍太郎が激怒。田淵の後任の酒巻英雄（61）が火消しに追われた。

さらに7月29日の日本経済新聞朝刊は、大手証券４社が損失補塡した企業のリストを掲載。90年３月期の損失補塡額は４社合計で１２８３億１６００万円にのぼり、トヨタ自動車や松下電器産業（現・パナソニック）など日本を代表する大企業の名前があることに、個人投資家の怒りが爆発する。「証券国会」と呼ばれた同年秋の臨時国会では、証券市場の監視を目的とする証券取引等監視委員会（ＳＥＳＣ）の設立（92年７月）や、事後的な損失補塡の禁止（92年１月）などが決定された。

この証券スキャンダルが、４社が小池に利益供与を迫られる火種となる。

大手証券４社に数十項目の質問状

証券スキャンダルの翌年の株主総会を前にした92年４月ごろ、総会の議長を務める大手証券4社のトップに宛てて、内容証明郵便で100ページを超える分厚い質問状が送り付けられてきた。送り主は小池隆一。内容は前年の証券スキャンダルに関するものが中心で、質問項目は数十項目にわたっていた。実はこのアイデアも木島の発案だった。

大手証券4社で総務や人事など社内業務を統括していた役員たちは、一様に肝を潰した。この年の株主総会は、前年の損失補塡問題を受けて社長に就任した野村の酒巻と日興の高尾吉郎《きちろう》にとって、議長を務める初めての機会。また山一では、行平次雄(66)から副社長の三木淳夫(62)に社長を交代する議案が載せられる予定だったからだ。

89年に小甚ビル名義で30万株を取得する約20年も前から、小池は野村の株式を1000株(売買単位の最低株数)だけ保有していた。つまり長年の個人株主でもあったわけだ。これを理由に矛を収めてもらおうとでも考えたのか、業務管理担当の専務は酒巻に「長い間の株主なので、一度挨拶してほしい」と要請する。酒巻は92年5月14日、新宿副都心の新宿野村ビル48階にある迎賓施設「野村クラブ」で総務部の担当者とともに小池と面談した。

酒巻は最初、小池の師匠に当たる上森の話題で雰囲気を和らげたあと、質問状を撤回して株主総会の議事進行に協力するよう依頼する。小池は了解する一方で「(自分の)

口座の運用が上手く行っていないようですね。儲けさせてくださいよ」と要求した。

小池が酒巻に「儲けさせてください」と頼んだ小甚ビル名義の取引一任勘定口座は、80年代末に木島の口利きで開設されたものだった。前述した通り、ＤＫＢは小甚ビルや嘉矩名義の預金口座（実体は木島のダミー口座）に事実上の無担保融資を行っており、この証券口座は株式などの運用により、融資を返済する資金を捻出するのが目的だった。そのための運用資金までもＤＫＢから融資され、取引の記録はＤＫＢ総務部が手元に置いて管理していた。これは小甚ビルと嘉矩の預金口座の通帳や印鑑も同様で、小池がＤＫＢからの融資や野村での株取引の実態について事細かに報告を受けることはなかった。

こうした中で小甚ビルの取引一任勘定口座の運用は、バブル崩壊後の株価暴落で損失が膨らむ一方。嘉矩は91年８月以降、小甚ビルも92年５月以降は融資の利息さえ払えなくなった。92年４月にはライベックスが経営破綻し、同社のゴルフ場開発計画も頓挫。資金繰りに窮した小池は、木島の発案で大手証券４社に質問状を送り付けたのである。

小甚ビルの口座でもっと利益を上げるよう求められた酒巻は、「その点については担当者に任せています。すべて分かっていますから。私は代表取締役です。私が言うことは会社の約束です」と答えたという。酒巻の３日前に小池と面談し、質問状の撤回を依頼した日興の高尾も、「株で儲けたことがないので、いろいろまた教えていただき、儲けさせてください」と話す小池に、「そのうち市況が良くなったら、またご案内申し上げます」と期待を持たせる発言をしていた。山一も行平と三木が木島と面会し、質問状の撤回を要請していた。

1億8000万円を要求された大和

残る一社、大和では社長の江坂元穂《もとお》ではなく、会長の千野宜時《よしとき》が株主総会の議長を務めることになっていた。質問状に目を通した千野は、管理本部担当専務だった十亀《そがめ》博光(61)らを会長室に呼んで指示した。

「総会で私が応えてもいいのだが、できればあまりガタガタしたくない。報告の必要はないから、君たちで対応してほしい」

千野から小池への対応を丸投げされた十亀は、それまで小池の名前さえ聞いたことがなかったが、千野から渡された質問状を読み、その論理的な内容に舌を巻いた。

「こいつは新手の総会屋だ。法律の知識も豊富だし、腕力で総会に睨みを利かせる他の乱暴者とはわけが違う。総会でこんな質問をされたら、とても太刀打ちできないぞ」

「会長や社長を守らなければならない」と考えた十亀は92年5月ごろ、東京・六本木の小甚ビルを訪ねて質問状の取り下げを要請した。すると小池は「約束されたカネが90年以降支払われていない。今年までの3年分の1億8000万円を支払ってほしい」と強硬に主張した。

十亀は与り知らなかったが、大和は83年から小池とその盟友の総会屋にそれぞれ年間3000万円ずつ、合計6000万円を支払っていた。大和では80年、当時の社長の菊一岩夫に絵画購入をめぐる公私混同や女性問題などのスキャンダルが発覚。菊一は旧知のそごう社長、水島廣夫から紹介された上森に「株主総会を抑えてほしい」と依頼し、上森も表向きは了解したが、実際には総会は紛糾し、菊一は失意のうちに退任した。この時、上森に付き従っていたのが小池だった。その後、実力を蓄えていく小池を無視できなくなった大和は、82年の改正商法の施行後も、お付き合いとして毎年6000万円を渡していたが、株価暴落が始まった90年以降は支払いを止めていたのだ。

一種の〝汚れ仕事〟である総会屋との折衝役は、各企業の総務部に配属されたベテランの高卒社員に任されることが多かった。総会屋担当になった社員は、飲食やゴルフの接待といった総会屋との日頃の付き合いの詳細を、あえて上司に報告することはなかった。90年に管理本部担当常務に就任した十亀には、83年から始まった小池への利益提供は伝えられていなかった。

「約束通りカネを払え」と主張する小池に対し、十亀は「そんなことはできないが、できることはやる」と含みを持たせる発言をしてしまった。その後、大和の総務部の担当者は「(93年10月に新規上場される)JR東日本株を購入したい」という小池の要望に応える形で、小甚ビル名義の取引一任勘定口座を開設。事後報告を受けた十亀は、新規上場株を上場前に割り当てたりしないことなどを条件にやむなくこれを了承し、総務部からの指示を受けた株式担当の部長が、小池が要求した金額に相当する利益額の実現を目指し、小甚ビルの口座の運用を始めた。

未遂に終わった野村の酒巻解任クーデター

一方、野村社長の酒巻が利益供与を了承したと理解した小池は92年7月上旬、DKB総務部の部長と次長を訪ねた。この席で小池は「野村の酒巻がしっかり儲けさせてくれると言ったので、その利益で融資を返済するが、株取引の元手が必要なので小甚ビル名義で30億円の融資枠を設定し、必要な時に融資してほしい」と要請した。

この時点でDKBには小甚ビルに約57億円、嘉矩に約32億円の融資残高が存在した。だが利息さえ返済されておらず、担保に取った大手証券4社の株式も大幅な担保割れの状態。融資の審査を担当する2人の役員は、頑として追加融資を認めなかった。

ところがこれに木島が介入。同年9月、会長の宮崎と頭取の奥田正司（65）に「小池の融資の件、何とか考えてやってくれないか」と依頼する。トップ交代の際には会長と頭取がともに退任し、旧第一銀行出身者と旧勧業銀行出身者がたすき掛けで会長と頭取を務めることが慣例になっているDKBで、宮崎は頭取から会長になった初のケースだった（会長就任は92年4月）。その宮崎と奥田が了解したことから、翌月から大和信用を迂回させた株取引資金の融資が始まった。93年9月に木島が67歳で亡くなった後も、木島が口を利いた小甚ビルと嘉矩への融資はアンタッチャブルのまま続けられた。そして大手証券4社がこの資金を預かり、各社にある小甚ビルの取引一任勘定口座で株式などを売買した。

93年春、野村の業務審査部門の幹部が、ワラント（新株購入権）の相対取引などによって小甚ビルの口座に不自然な利益が出ていることに気づいた。この口座が総会屋の小池のダミーで、不審な取引が酒巻の了解の下で行われていると知った彼らは、酒巻解任の緊急動議を役員会で提案しようと画策。前会長で相談役の田淵節也の抱き込みを図った。社内浄化を目指したクーデター計画である。

２年前の証券スキャンダルを受けて相談役に退いた田淵は〝証券業界のドン〟とまで称される野村の顔。経済界では同じ苗字の前社長、田淵義久と区別するため、「大タブチ」と呼ばれていた。事情を知る野村の元幹部が証言する。

「クーデター計画があったのは93年５月のこと。酒巻氏は損失補塡問題のどさくさに紛れて社長に就任したのですが、当時の野村の役員は人材豊富で、彼が社長に相応しいとは誰も思っていませんでした。その酒巻氏が総会屋の小池に対する利益供与を了承していたのだから、もともと酒巻『社長』に不満を持っていたグループが解任に向けて水面下で動きました。クーデター派の役員の一人が、フランスのカンヌ国際映画祭に出掛けている大タブチさんの滞在先のホテルに電話して、解任動議への賛同を求めたのです」

だが田淵の反応は期待を裏切るものだった。前出の元幹部が続ける。

「電話した役員が『役員会で（酒巻解任動議のために）手を挙げます』と話すと、大タブチさんは『君もそんな風に言うのか。他にも言ってくる役員がおってなあ……』と、明らかに乗り気ではありませんでした。大タブチさんが賛同してくれなければ実行には移せないということで、クーデターは計画の段階で未遂に終わりました」

クーデター計画の存在を知った酒巻は93年6月の人事異動にかこつけて、首謀者の役員数人を関連会社などに放逐した。ドンの煮え切らない態度によって、野村は自浄作用を働かせるチャンスを逃すことになる。

ホストコンピューターの記録でばれた〝花替え〟

それぞれの総務部の指示を受けて、小甚ビルの取引一任勘定口座で株式を売買していた4社の株式部の担当役員らは、取引開始当初こそ利益を上げた。だが株式市場全体は95年7月初旬まで値下がり傾向が続き、小甚ビルの口座は専門家の運用にもかかわらず、損失が積み上がっていった。例えば大和では、小池からの委託で購入したJR東日本の株式の損失が3億円を超えるまでに膨らんだ。

野村の小甚ビル口座の損失は、94年末ごろに累計で約3億8000万円に達し、東京・日本橋の本社を訪ねた小池は、総務担当取締役の藤倉信孝（54）に面会して不満をぶつけた。

「相場の中だけでのんびりやっている場合ではないでしょう。いい商品がなくてもいろいろやりようがあるじゃないですか。損失があればお宅できちんと埋めてくださいとお願いしてありますが、お分りでしょうな」

小池の恫喝を藤倉から聞かされた酒巻は、対応を決断する。それというのも酒巻は翌95年6月の株主総会で、自分を社長に指名してくれた2人の田淵の取締役復帰を議案に載せようと考えていたからだ。総会で小池に実力行使されれば、2人への恩返しは実現できなくなるかも知れない。92年の証取法改正で禁止された損失補塡を実行する以外に、酒巻の選択肢はなかった。

酒巻の指示を受けたエクイティ（株式）本部担当取締役の松木新平（51）は95年1月から7月にかけて、野村が自己取引で購入して値上がりしていた複数の株式を、小甚ビルの口座の取引に付け替えるよう注文伝票を操作する「花（鼻）替え」や、ワラントの架空取引によって、約6000万円の損失を補塡した。さらに同年3月24日には酒巻と藤倉が野村本社で小池と面談し、絵画や骨董品の売買で捻出した3億2000万円を現金で手渡した。小池はこれをDKBに持ち込み、迂回融資の一部の返済に充てた。

大和、日興、山一の3社も94年12月から翌年12月にかけて、小甚ビルの取引一任勘定口座に花替えの手法で利益を付け替え、損失を補塡した。その額は大和が2億2779万円、山一が１億７００万円、日興が１４０９万円にのぼるほか、大和と日興はグループの金融子会社などを使って運用資金も融資していた。大和は92年に小池から要求された１億８０００万円の支払い以上のものを供与させられた計算になる。

各社のこうした不正取引は、伝票上は完璧に処理されていた。だが会社のホストコンピューターにデータが残っていることにまで、利益を付け替えた各社の株式担当幹部の配慮は及ばなかった。当時はコンピューターが遍く行き渡る前で、50代の彼らにはその知識が欠けていた。

発足から４年が経過したＳＥＳＣの証券検査課は、野村の定期検査で入手したコンピューターのデータを分析し、不正の疑いのある取引を発見。この結果を伝えられた特別調査課は96年７月に野村を強制調査した。特調課のパートナーの東京地検特捜部も97年３月に野村の関係先を捜索し、５月14日に酒巻、藤倉、松木の３人を、翌日には小池と弟の嘉矩を商法違反の疑いで逮捕した。その５日後、特捜部は間髪を入れずにＤＫＢの関係先を捜索。６月から７月にかけて、会長を辞任していた奥田らＤＫＢの幹部11人を逮捕した。

この間、残る大手証券３社のホストコンピューターのデータを解析していたＳＥＳＣ

は、不正の疑いがある取引を全社で発見した。これを受けて特捜部は同年9月から11月にかけて山一8人、日興5人、大和7人の関係者計20人を商法違反の疑いで逮捕。逮捕者は合わせて34人にのぼり、特捜部はこのうちの32人を起訴。最終的には全員に執行猶予付きの有罪判決が下った。大和の元幹部が回想する。

「花替えをやっていたエクイティ本部長付部長が、『絶対にやっていない』と断言するので信用していました。手書きの注文伝票の時代しか知らないアナクロな彼は、『最初から売買の委託があったように伝票を処理しておけば、不正はバレない』と信じ込んでいた。ホストコンピューターに記録が残っているなんて、彼には思いもよらない事態でした。それを聞かされた彼の顔から血の気が引いたのを、今も鮮明に覚えています」

自分の命に代えて呪縛を断ち切った宮崎

小甚ビルと小池嘉矩に対するDKB本体の融資総額は275億円。これとは別に大和信用を経由して186億円が迂回融資されていた。DKB本体からの融資はすでに商法の利益供与罪の公訴時効（3年）を過ぎていたため、特捜部は容疑を94年7月から96年9月にかけて行われた大和信用からの117億8200万円の迂回融資に限定し、DK

B幹部を立件した。

木島との長年にわたるオープンな付き合いが、結果として利益供与につながった宮崎は、奥田と同じ97年6月13日に相談役を辞任。そして特捜部の事情聴取を受けていた6月29日、東京都三鷹市の自宅書斎で首を吊り、搬送先の病院で亡くなった。享年67。

映画をこよなく愛し、誰とも分け隔てなく気さくに取材に応じてくれる、温厚で話好きだった宮崎。特捜部から厳しく事情を聴かれ、自殺の数時間前には弁護士に「疲れた。記憶にないことをいろいろ聴かれ、困っている」と話していた。書斎に残された家族や銀行関係者、弁護士宛ての遺書には「六月十三日相談役退任の日に、身をもって責任を全うする決意をいたしました」「スッキリした形で出発すれば素晴らしい銀行になると期待し確信しております」などと記されていた。宮崎は自らの命と引き換えに、ＤＫＢの長年の〝呪縛〟を断ち切ろうとしたのだ。小池は宮崎とは一面識もなかったが、逮捕後の取り調べの最中に「宮崎自殺」の報に接し、号泣したという。

日本企業は82年の商法改正からこの事件の頃まで、総会屋や暴力団関係者が発行する情報誌を購読したり、そこに広告を載せたりする形で事実上の利益供与を続けてきたが、この事件以降、捜査当局の指導に従って情報誌の購読を取り止めるところが続出した。例えば野村では、それまで購読していた800もの情報誌をすべて解約したという。また株主総会もこの事件以降、短時間で終わる「シャンシャン総会」ばかりではなくなり、議長を務める経営トップが出席者の質問に丁寧に答えるケースが増えた。

ところが2013年秋、みずほフィナンシャルグループのうち、DKBを母体とするみずほ銀行が、「オリエントコーポレーション」との提携ローンを通じて反社会的勢力に融資していた事実が判明した。問題となった約230件、総額2億円の提携ローンのほとんどは自動車販売店で組まれたもの。みずほはこの事実を10年中に把握したものの、12年12月の金融庁の検査で指摘されるまで2年以上にわたって放置し、反社会的勢力に対する融資を未然に防止する対応策も取っていなかった。融資先のうち警察に暴力団と認定されたものは1件に過ぎず、その後は再発防止策も導入されたが、「97年の利益供与事件の教訓が風化しているのでは」との懸念する見方が広がった。

緊張感を失って隙を見せれば、反社会的勢力はたちまち付け込んでくる。自らの命と引き換えに〝呪縛〟を絶ち切ろうとした宮崎は、この体たらくをどう感じたのだろう。

6　石橋産業「手形詐欺」事件（2000年）
稀代の詐欺師許永中の〝人たらし〟の手口とは？

「石橋さんとはフレンドリーな関係になれたと思うてまんのや。これからはワシも石橋さんをピカピカにせなアカンし、本当に一流の財界人になってもらいたいんですワ」

スキンヘッドに鋭い目つき、身長180センチで体重100キロの巨漢。稀代の〝人たらし〟と呼ばれた在日韓国人実業家、許永中（53）には、一見、強面の雰囲気が漂う。だが、笑うと途端に人懐っこい表情になり、相手は許のペースにいとも簡単に引き込まれてしまう。

家族骨肉の争いの結果、流出した自社株を何とか取り戻そうと焦った石橋産業グループの経営者たちは、あっという間に許のマジックに搦めとられ、180億円近い約束手形を騙し取られた——。

育ちの良い企業グループのトップが、百戦錬磨の詐欺師の許と、「闇社会の守護神」と呼ばれた敏腕のヤメ検弁護士（検察官上がりの弁護士）田中森一《もりかず》（56、14年11月に71歳で死去）という「最強タッグ」に手もなくひねられる過程をたどりながら、相手をその気にさせる許の話術の神髄に迫ってみよう。

この章では最初に読者に念押ししておく。この事件は許が石橋産業グループの経営者に嘘をついて、手形を騙し取るという本書で唯一の詐欺事件だ。国税当局やＳＥＳＣが違法行為の端緒となる事実に気づいて東京地検特捜部に告発するという、本書の他の章で取り扱う事件のパターンとは性格が全く異なる。

詐欺罪に問われた許にしたところで、手形債務を履行する資金を調達するあてが最初から全くなかったのかといえば、そうではあるまい。彼の錬金術の源である不動産や株式、美術品などの資産価格が値上がりさえすれば、債務を履行することはできたはずだ。それが実現しないので石橋産業の手形の詐取や乗っ取りを企て、経営者から刑事告訴されることになった。株価の値上がりを待ち続けて破綻した山一證券と、構図は同じだ。

許の発言はどこまでが真実（本意）で、どこからが虚なのか曖昧だ。おそらく許自身も分かっていなかっただろう。だからこそ石橋産業側も許を信じた。その意味では、許が詐欺罪に問われたのは結果論だったと言えなくもない。この章に限っては、読者は常識や経済合理性を放念してほしい。それこそがこの事件の本質なのである。

一族の内紛が招いた株式流出

石橋産業グループは、炭鉱開発で財を成した福岡県の石橋家が経営する石油商社「石橋産業」（東京都目黒区）を中心とする企業グループだ。手形詐欺事件が起きた１９９５～96年当時、同グループの中核企業だった中堅ゼネコン「若築建設」（同）は、１８９０年に北九州市に創立された半官半民の若松築港会社が前身。若築は港湾の護岸建設を得意分野とする海洋土木建築会社、通称「マリコン」で、戦後の財閥解体の際に石橋家が買い取って傘下に収めた。

戦後の石橋産業グループに君臨した石橋家当主の健蔵が74年に他界すると、本妻の子供の石橋浩と妾腹の石橋克規《かつのり》との間で諍いが始まる。健蔵に可愛がられた克規は若築建設の専務に就いていたが、92年に若築の会長に就任した浩は、自らの母親（健蔵の本妻）と組んで克規を追い出してしまう。

収まらない克規は退任劇をめぐって浩を告訴したり（敗訴）、自らが保有する24万2

650株の石橋産業株を30億円程度で買い取るよう浩に迫ったりしたものの、撥ねつけられてしまう。そうこうしているうちにカネに困った克規は、保有する石橋産業株のうち14万2650株をなんと九州の暴力団関係者に騙し取られてしまった。

95年10月、事件が動き出す。浩の義兄（妻の兄）で石橋産業グループの不動産会社「エィチ・アール・ロイヤル」社長の林雅三《まさみ》のところに、広島弁の男から2度にわたって電話がかかってきた。この男の話では「克規が九州のヤクザ者に騙し取られた石橋産業株を回収して、生活の面倒まで見ている人が『資金的に限界なので、石橋（浩）さんに会いたい』と言っている」とのこと。この頃、浩は石橋産業の社長と若築建設の会長を兼務していた。

同年11月中旬、浩と林は、電話をしてきたT（指定暴力団住吉会系の総会屋）、それに克規の面倒を見ているというS（指定暴力団共政会関係者の身内）と都内のホテルで面会する。この席で「生活費と株券の回収費用として6000万円かかっている。株券を取り返したいのなら、誠意を見せてほしい」と要求したSは数日後、自ら林に電話して「カネを払わないのなら、株券はしかるべき人に渡そうと思う。後日、その人を連れて石橋産業に行く」と宣告した。

「裏社会のことは裏社会の人でないと分からない」と考えた林は、友人の知り合いだった住吉会理事長（当時）の福田晴瞭《はれあき》に「ＴとＳの背景を探ってほしい」と依頼する。福田らが調べたところ、克規と九州の暴力団関係者、それにＳは結託しているようだった。

同年12月20日、Ｓが株券を渡した男を連れて石橋産業を訪ねてきた。この男こそ「闇社会の守護神」と呼ばれた大物ヤメ検弁護士、田中森一。東京地検特捜部のエース検事として、数々の汚職事件を担当した田中は、上司と衝突し、87年に弁護士に転身。指定暴力団山口組ナンバー２の若頭だった宅見勝（97年８月に61歳で射殺される）ら暴力団幹部や仕手筋、総会屋など「闇の紳士」の顧問弁護士を数多く務めていた。

浩と林から「いくらなら石橋産業株を売ってもらえるのか」と懇願された田中は、株券の預かり証を取り出し、「株券は私が責任をもって預かっている。こちらも帰って金額を検討する」と回答する。

その後、福田の腹心から「田中は宅見の頭《かしら》の弁護士で、弁護士バッジは付けていても、菱形（山口組の代紋）のバッジを付けていると言われている奴です」と聞かされた林は数日たって、更に福田から「株券は許永中が握っている」と伝えられた。

田中の方も、浩らと面談したあと、Ｓに「克規の石橋産業株の処分は、自分と許に一任する」という文書を書かせ、石橋産業と直接交渉しないことを約束させた。

資金繰りに窮していた稀代の〝人たらし〟

さて、いよいよ事件の主役、許永中の登場だ。47年に大阪市北区で生まれた許は、大阪府の同和対策事業に食い込んで頭角を現し、84年には「日本レース株買い占め事件」の収拾をめぐって暗躍。事件屋として名前を売った。そして91年の「イトマン事件」。

住友銀行（現・三井住友銀行）の融資を受けた大阪の中堅商社「イトマン」（現・日鉄住金物産）が、不動産や絵画の取引に3000億円以上をつぎ込んだものの、そのほとんどが闇社会に流れたという、バブル期を代表する一大事件である。許はイトマン元社長の河村良彦、元常務の伊藤寿栄光らとともに特別背任罪で逮捕・起訴されたものの、大いに社会的な知名度を上げた。

見るからに暴力団員風の許だが、私がかつて取材でお世話になった大阪府警刑事部の複数の幹部は「話題は豊富で話も面白いし、頭の回転が速い。強面だが、笑うと途端に人なつっこい顔になる。捜査のプロの我々でさえそのギャップに騙され、彼の言うことを信用しそうになる」と、その類まれな〝人たらし〟ぶりに舌を巻いていた。

許は、東証一部上場の建設会社「新井組」（兵庫県西宮市、２００8年10月に民事再生法適用を申請し翌月に上場廃止）の事実上の筆頭株主で、保有している同社株１１２０万株をノンバンク「キョート・ファイナンス」（京都市）に差し入れ、自らのグループ会社に約４７０億円を融資させていた。93年12月に保釈されたあと、許はこの融資の返済を迫られたが、バブル崩壊によって、許の稼ぎの手段だった土地、株、絵画など資産の価格は暴落していた。グループ会社の資金繰りも逼迫し、資金捻出の必要に迫られた許は、キョート・ファイナンスに担保として差し入れていた新井組株のうち、７１５万株を中堅ゼネコン「水野組」の手形と引き換えに引き出し、この新井組株を担保に入れ直してキョート・ファイナンスから新たに１３０億８４５０万円を調達。当面の資金繰りを凌いだ。

許は、水野組が宗教法人のバックアップを受けて新井組株を引き受けるかのように説明し、キョート・ファイナンスを信用させていた。だが水野組の資金繰りが悪化したうえ、イトマン事件の過程で親交を結んだヤメ検弁護士の田中森一から紹介された金融ブローカーとの融資交渉も暗礁に乗り上げ、許は窮地に立たされた。新井組株７１５万株を担保に調達した資金は、96年4月末には返済しなければならなかった。それまでに何とか別のところから資金を調達しなければ身の破滅である。

そんな許の元に95年6月、克規が保有していた14万2650株の石橋産業株が転がり込んできた。石橋産業グループの最高責任者の石橋浩が、この株を取り戻したがっていることを知った許は、これを自分の債務の支払いや、新井組株の取り戻しに活用しようと考えた。許は、手に入れた石橋産業株の扱いを田中に相談。これを受けて田中は、前述したように浩や林と面談するなど、許の先兵として動き始めたのだった。


「なんや、アンタかいな」


年が明けて96年1月初旬、東京・銀座にある福田の事務所で、林の前に巨漢の許が現れた。林と許は95年春ごろ、銀座の高級クラブで名刺を交換していたが、許の名刺には「野村永中」（許の別名）と書かれていたため、林はこの時点まで、野村永中と許永中が同一人物であると認識していなかった。それは許も同じだったようで、眦《まなじり》を決して現れた許は、林を見ると拍子抜けしたように言った。

「あの……林さんてアンタのことかいな……」

拍子抜けしたのは林も同じことだった。

「株券を持っているのはあなたでしたか」

顔を真っ赤にして大笑いしていた許がニコニコしながら言った。

「チョッと待ってえな。なんや、アンタかいな。こら往生したな。こちらの思惑とは大違いや。よっしゃ、分かった。それなら話は別や。ワシもよう考えてみるからチョッと時間くれや。明日か明後日か連絡するさかい、ワシの事務所でゆっくり話そうか！」

同月10日、林は帝国ホテルのオフィスタワー10階にある許の事務所を訪ねた。事務所の中は大理石がふんだんに使われ、床には高級絨毯《じゅうたん》が敷かれている。壁には韓国の大家の手になる水墨画の大作や、有名画家の絵画が飾られていた。豪華なソファに腰かけた許が切り出した。

「アンタが現れるまでは克規の話を信じて、それやったら何とかして助けたらなアカンと思うて、石橋産業をどないして攻めようかと思うたもんや！　わしは山口組の古川組の代行みたいなもんでな、克規から『石橋浩いうのんは相当のワルや』と聞いとったし、相当の覚悟でこっちもかからなイカンと思うて、東京にいる山口組の後藤組をはじめ三団体にスキームを組ませ、いつでも石橋グループを攻める体制を組んどったんやで」

許は、自分が手に入れた石橋産業株14万2650株と、克規が前述の九州の暴力団関係者とは別の人物に騙し取られたとされる10万株の合計24万2650株を克規に持たせ、石橋産業に乗り込ませるつもりだったと説明。「浩さんに社長を辞めてもろうて、側に付いてるワルの林いうのんを始末しようかいう話になっとったんやが、その林さんがアンタとは思わんかった」と笑い、さらに続けた。

「そやけど組織にも声かけとるし、(登場した)それぞれの役者(暴力団関係者)にもカネかかるこっちゃしなー。今まで25億ぐらい突っ込んどるしなー。かと言うて、アンタと分かって攻めるわけにもいかんし……。ま、何にしてもこらフレンドリーな関係でやるしかないなー。悪いようにはせんから、少し時間くれるか?」

実に巧みな話術だ。脅し、すかし、恩着せを効果的に織り交ぜ、初心《うぶ》な一般人の林を自分のペースに引きずり込む。実際、林はこのあと見事に許の術中に嵌まっていく。

「石橋さんをピカピカにして見せまっせ!」

この数日後、林が許の帝国ホテルの事務所を訪ねると、許は「石橋産業を攻めて克規の石橋産業株を買い取らせるプロジェクトには、150億円程度かかるとみて動いていたので、浩がそのくらい出してくれればすべて解決する」と話した。林が「とても無理。

石橋にそんなカネはありません」と応えると、許は突然こんなことを話し始めた。

「世間のやつら、ワシのことを殺し屋言うとるらしいけど、ホンマ迷惑な話や。コスモポリタンの社長も行方不明になっとんのやが（注：破産した仕手集団『コスモポリタン』グループを率いた山口組系元組長の池田保次が88年8月に行方不明になった）、それもワシが途中で邪魔になったから消したいう噂になっとるらしいんや」

この話を聞いた林は「株の買い戻しの話をしているのに、なぜ急に人が行方不明になった話をするのだろう」と、言い知れぬ恐怖を感じた。許はさらに続けた。

「石橋さんに新井組の受け皿になってほしいんや。若築が新井組を傘下に収めてくれたら世間的には高評判の合併やろうし、申し分なしの話になるはずですワ。あくまでも石橋さんにはカネはかからんようにするんやから。京都には京都信用金庫と京都銀行というのがありますのや。京信のすべてを牛耳っているのは、京都の表も裏もすべて握っている山段芳春（京都自治経済協議会）理事長（当時）で、ワシの言うことは何でも聞いてくれるし、京銀は頭取以下トップが、いざという時はワシの言うことを何でも聞くようになっとる。山段理事長には石橋さんともども近々会うように段取りしますワ」

その上で許はいよいよ、具体的なカネの話を持ち出した。

「ワシの持っとる新井組株1120万株を1株3000円、ザッと360億円で買うてもらいたいんや。今の値段が1400円くらいやから、間がザッと150億くらいになるやろ。もちろんこれは一時的に預かってもらうだけで、3年から4年の間、石橋さんに受け皿になってもらうだけで。カネの方は京信か京銀に話をつけて、利息も含めて流し込むようにしますワ。この条件を呑んでくれるのやったら、24万2650株の石橋産業の株券をきっちりお返しすることができるのやが……」

林が「株の買値は、その時の相場で決まるのでは？」と尋ねると、許は「もともと新井組株は、全体の7％程度しか市場に出ていない。ちょっと提灯に火がつけばすぐ3000円にできる。任せてほしい」としたうえで「今の基本条件を石橋さんが呑んでくれるのやったら、フレンドリーな関係が保てるし、犠牲者も出さんで済みますワ。ワシも何も荒事をせんで済みますしな」と、疑念を挟んだ林をさりげなく脅すのだった。

数日後、浩がこのアイデアを了承したことを聞いた許は、林に「ま、見とってくんなはれ。石橋さんをピカピカにして見せまっせ！財界でも大物に必ずしますからな」とニコニコ顔で言った。捜査関係者さえたらし込む、許お得意の手口だ。

さらにその数日後、林を帝国ホテルのオフィスに呼びつけた許は、林のツボを突いた。

「実は、克規はワシが面倒見てまんのや。暴れ出さんようにしっかり監視しているから心配いらんのやが、浩を攻めるつもりで各組織に約束しとるゼニがいる。受け皿になってもらう1120万株とは別に自分が保有している180万株の新井組の株券と交換で、25億円ほど出せまへんか。7月末までにいったん返すから」と持ち掛けた。つまり、石橋産業株の回収費用として25億円を要求したのである。

林からこの話を聞かされた浩は、渋々ながら承知した。96年2月中旬、銀座の高級中華料理店で浩と初めて対面した許は「みかけによらず紳士やなー。克規の話ばかり聞いとったもんやから、相当のワルやと思うとったのに、なかなか大したもんや。あなたとは今後フレンドリーな関係で仕事に取り組みたいと考えてます」と、歯の浮くようなお世辞で浩を持ち上げた。

さらに許は3月上旬、帝国ホテルのスイートルームに呼びつけた林に、ある構想を持ち出す。それは自らが巨額の負債を抱えるキョート・ファイナンスの社長に、林を就任させることだった（実際に林は96年10月28日に同社社長に就任している）。「アンタが社長になってくれたら、ワシのにおいが消えるやろ。社長になってもろうた時してもらいたい一番大切な仕事は、キョート・ファイナンスの借金の『チギリ』（圧縮）ですワ」。

あろうことか許は、一部上場の若築建設を傘下に持つ石橋産業グループの信用度を利用して、銀行に対するキョート・ファイナンスの債務の一部、つまり自分がキョート・ファイナンスに対して負っている債務を、チャラにしようと目論んでいたのである。

今度は大阪国技館建設構想

96年3月中旬、林は大阪市北区中崎の「道場」と呼ばれる許の迎賓館に招かれた。ここは敷地面積約500坪、入口の門はまるで城門のような作りで、建物までの道には松の木が植えられていた。この一帯は、許がバブル期に「コリアンタウン」を作るとして大規模な地上げを行った場所。檜造りの建物の大広間には、30人以上がゆっくり会食できるスペースがあり、2階には温水プールと10人ほどが入れるサウナ室があった。

「許永中という男は物凄い金持ちなのだ……」

あまりのスケールの大きさに度肝を抜かれた林が大広間に入ると、そこには日本相撲協会理事長（当時）の境川尚《しょう》親方（元横綱佐田の山）、日大相撲部監督の田中英寿（現・日大理事長）、そして境川の友人の会社社長が着席し、林を待っていた。この席で許は自説をとうとうと開陳し、境川の機嫌を取った。

「理事長、実はワシは大阪に国技館を作ろうと思うてまんのや。横綱を認定する吉田司《よしだつかさ》家《け》（熊本市にあった相撲行司の家元。80年代に借金問題を起こし、この当時すでに日本相撲協会と無関係）はワシのもんになってますし、司家にある由緒ある品物もワシのもんになってます。実は2008年のオリンピックは大阪の線が一番強力なはずです。IOCの副会長をしとる金雲竜《キムウンヨン》氏（韓国）とワシは昵懇の仲で、今度ワシも韓国オリンピック委員になるのですワ。大阪にオリンピックを持ってくる目玉として大阪に国技館を作り、その隣に博物館を作ろうと思うとります」

どこまでが本当なのか、裏の取れない許の気宇壮大なストーリー。だが境川は「国技館はともかくオリンピック種目に相撲を加えることは大いに賛成ですし、私で役に立てることがあれば協力しましょう」と、許の話に好意的だった。

その翌日、JR大阪駅北口に隣接する、国鉄清算事業団所有の約7万坪（東京ドーム約5個分）の広大な土地。ここに林を同行すると、許は嘘か真か判然としない構想を語った。

「ここが国技館を作ろうと思うとる場所ですワ。こんだけの場所はありませんやろ！建築するにはゼネコンが必要なんやが、若築さんにも参加してもらうように段取りするし、ごっつい話でっしゃろ。国技館が建てば大型のホテルが必要やけど、韓国のアシアナ航空が日本に進出する基盤として大阪の一等地にホテルを建てたがってますのや。三越がここにデパートを建てたいと思うて手を挙げているし、建築代金でもそらごっついもんになりまっせ。これ、ワシが今手掛けているテーマの一つですワ」

話のスケールの大きさと、登場する著名人や豪華な舞台装置に、林はすっかり舞い上がっていた。許の言うことを丸呑みした林は東京に戻り、そのままを浩に報告した。

3月25日、帝国ホテルの事務所に林を呼んだ許は、自分が保有している180万株の新井組株を担保に石橋産業から25億円を借り入れる話を蒸し返した。

「石橋を必ず攻め落としてやるからと克規にも約束しとったもんやから、ヤクザ組織にも声かけてしもうたんですワ。最初頼んだ時に約束したゼニは払わなあかんというのがヤクザ世界の不文律なんですワ。前金で25億ぐらいのもんは使うとんのやが、あと半金を出さんことには、よう下がらんのですワ。ワシが新井の株180万株を担保に入れさせてもらうから、25億出してもらうように、石橋さんに言うてください。7月までには段取りして必ず返済するからと言うて下さいナ」

林からこの件を聞かされた石橋は「そんなものかなー」と考え、新井組株180万株と交換で同月29日、許の関係先5ヵ所に小切手で合計25億円を支払った。

許はこの後、京都市内の料亭やホテルに浩と林を招き、「京都のフィクサー」と呼ばれる山段を紹介。「若築建設に新井組の受け皿になってもらい、関西進出の基盤にしてもらう」と話したり、京銀の副頭取らと名刺交換させたりした。さらに許は、京都市の指定暴力団会津小鉄会の事務所に林を同行し、4代目会長の高山登久太郎と名刺交換させた。当時勃発していた抗争の影響で、事務所の周辺は京都府警の機動隊100人以上が警戒し、建物の1階は数十人の組員が両側に立ち並ぶという物々しい雰囲気。林は高山と名刺交換する際、何を話したのか覚えていないほどの恐怖にかられた。

4月14日、宝塚歌劇観劇のため大阪に出向いた浩夫妻（浩の妻は林の実妹）と林は、許の迎賓館に招かれた。あまりの豪華さに「すっごいネー」と息を呑む浩夫妻。会食の最中も豊富な話題で座を盛り上げる許に、すっかり籠絡されてしまった。

偽の理由で合計203億円強の手形引き出しに成功

浩と林を絡め取ったと判断した許は、盟友の田中森一と協力し、いよいよ石橋産業グループからカネを引き出しにかかる。715万株の新井組株を担保にキョート・ファイナンスから引き出した130億円余りの返済期日が目前に迫ったことから許は、浩夫妻が迎賓館を訪れた翌日の96年4月15日、林を再び迎賓館に呼び、こともなげに話した。

「石橋さんとも仲良うなれたこっちゃし、早いとこ石橋さんの株を返したろうと思うてまんのや。150億作れんやろか、石橋さんに聞いてみて下さい。実は石橋の株は新井の株と一緒に預けてあり、石橋の株だけ出してくるわけにはいかんもんやから……」

2日後の同月17日、浩から連絡が入る。これから行う融資について許が①7月末までに返済する②何らかの担保を入れる③石橋産業の株券をとにかく返す——という3つの条件を実行することで「60億円なら、若築で何とか作れる」。これを聞いた許は間髪を入れず、林に指示した。

「とりあえず林さんとこで新井組株を買うことにするのやが、書類を作るのに林さんとこのハン（印鑑）が要りまんのや。それを持って田中先生のところへ行ってください」

林は翌18日朝、自分の会社ロイヤル社のゴム印を持ってきた同社の次長とともに、大阪市中央区の田中の事務所を訪ねた。するとそこには、新井組株を担保に取っているキョート・ファイナンス社長の湊和一、同社専務の川辺莞二、さらに許の腹心と田中が待っていた。

「林さんとこが石橋さんの代わりに書類を作って、まず新井組の買い主になるようせなアカンのやが、この書類はそのためのものや。どっちにしても最終的に石橋さんに新井組の所有者になってもらうまでの書類で、ワシが預かっとくから心配いらんで」（田中）

「（約束）手形を発行してもらいたいのですが、林さんとこの手形では信憑性に乏しいので、（信用力の高い）石橋さんとこの裏書が必要なのです」（湊）

約束手形とは発行人（振出人）が受取人に対して、将来のある期日に所定の金額を支払うことを約束する有価証券のこと。振出人の当座預金口座から所定額が引き落とされることで決済される。支払期日は最大で１２０日後（または4ヵ月後）というのが一つの目安だが、２１０日後（通称「台風手形」）や10ヵ月後（同「お産手形」）などさらに長いものもある。支払期日までに必要な金額を用意できなければ、受取人に期日の延長を依頼して手形を戻してもらい、新しい手形を振り出す。これを「手形のジャンプ」と呼ぶ。受取人は支払期日に金融機関で手形を換金するが、振出人の当座預金口座の残高が足りなければ金融機関に換金を拒否される。これを「手形の不渡り」と呼び、6ヵ月以内に2度出すとその後2年間は銀行取引停止になる。その間、振出人は当座預金口座を使えず、取引先からの信用も失うことになる。

受取人の方は、受け取った手形を支払期日前に自分の取引先の金融機関で換金してもらえるほか（手形割引）、別の債務を支払うために第三者に譲渡できる。例えばA社に商品を販売して手形を受け取ったB社が、商品の仕入先のC社に対して支払い義務が生じた場合、B社はA社から受け取った手形の裏面に自社の署名と捺印、それにC社の名前を記載してC社に譲渡することにより、その手形を代金の支払い手段として使える。手形の裏面に必要事項（署名、捺印など）を書くことを「手形の裏書」という。


林が裏書について「支払期日はどうするのだろう」と疑問に感じていると、しばらくして許が到着した。裏書について尋ねられた許は、逆に林の丸め込みにかかった。

「裏書の件はどうせ山段理事長の発案やろう。カネ流し込むまでのつなぎの話みたいなもんやから、心配せんでえぇがナ。支払期日も何も入れんでえぇがナ。キョート・ファイナンスはワシの物みたいなもんやから、カネ流し込むまでワシが預かっとるみたいなもんでんがな。何の心配もいりませんで。そない石橋さんに言うてください。それよりも、この手続きを早よしてもらわんことには、石橋さんの株を返せませんがな」

田中も「事情はワシも全部把握している。融資は近いうちに確実に実行される。それまでのつなぎや」などと口添えした。さらに許は浩に電話をかけ、ダメを押した。

「手形はあくまで、キョート・ファイナンスの債権者の銀行団を信用させるための見せかけですワ。ワシが新井組株を担保に銀行からカネを借り、間違いなく手形の決済資金を作ります。キョート・ファイナンスとの間では『ロイヤル社と石橋産業は名義を貸すだけで、ワシが手形の決済資金を準備できるまで、手形を取り立てに回さない』ちゅうことで話がついてまんのや」

もちろんキョート・ファイナンスと許との間で、「手形を取り立てに回さない」という合意が成立しているはずもなく、許に決済資金を捻出する当てなど存在しなかった。

だが4月19日、東京に戻った林は、前日の件を浩に報告し、了解を得た。ロイヤル社が振り出し、石橋産業が裏書した額面130億8450万円（新井組株715万株分）と72億4950万円の手形（同405万株分）は同日中に、京都市のキョート・ファイナンス本社で、林の手から川辺に手渡された。手形の支払期日は書き込まれていなかった。

4月25日、田中の事務所で克規の石橋産業株14万2650株を受け取った林は、翌日朝に東京に戻り、この株を浩に渡した。林はその足で都内の銀行に向かい、若築建設↓

石橋産業→ロイヤル社の順に送金されていた60億円を、55億円と5億円に分けて許の関係先2社に振り込む。それと引き換えに石橋産業の社員2人は、許が保有していたという新井組の株券225万株（前述の180万株とは別物）を受け取った。

浩の〝軍資金〟として現金10億円

石橋産業株を取り戻せたことで、浩と林は許を全面的に信用するようになった。96年4月下旬、帝国ホテルの許の事務所を訪ねた林は、またしても度肝を抜かれる。

「株が戻ったこっちゃし、石橋さんも安心しましたやろ。ワシもこれで石橋さんとはフレンドリーな関係で、お互いに信用できる仲になれたと思うてまんのや。これからはワシも石橋さんをピカピカにせなアカンし、石橋さんにも本当に一流の財界人になってもらいたいんですワ。石橋さんが光れば光るほど、ワシも儲けさせてもらえるということです。これからはワシの人脈もフル活用してもらうようになりますし、政界の先生方や一流の財界トップとも、それなりのお付き合いをしてもらうようになりますが、石橋さんの今までのやり方ではアカンのです。ワシのやり方に従ってやって欲しいんですワ。石橋さんが個人的にはカネがないのも、よう知ってます」

許が次に取った行動は、林には信じ難いものだった。

「ここに10億円用意しました。このカネをワシの指示に従って、軍資金として有効に使ってほしいんですワ。先生方にカネを持って行けという時には、ワシは1回に最低2000万から3000万は用意するようにしてますので、その時はそうしてください。これからの石橋さんは、ワシの担いだ神輿の上に乗ってもらう大切な人やから、林さんもワシと石橋さんの間に立って、ワシが担いだ神輿の上から石橋さんが落ちることのないように、しっかりサポートしてください」

林は3、4個のスーツケースに分けて入れられた10億円分の現金を、車に積んで石橋産業まで運んだ。許は後日、東京・平河町にある衆院議員の亀井静香の事務所に浩を同行して亀井本人と面会させ、さらに築地の料亭「吉兆」で、浩と林が亀井や全日空社長（当時）の普勝清治と会食する席をセットした。さらに10月中旬には、元首相の竹下登にも浩を引き合わせている。

そして5月21日、克規が保有していた石橋産業株のうち、浩がまだ取り戻せていなかった10万株について、保有していた男から石橋産業が5億2000万円で買い取る交渉がまとまった。林からそのことを伝えられた許は「そら安うなって結構なこっちゃ。

『それはワシの仕事や』と石橋さんに約束しとったんやから、石橋さんに『ウチの方で面倒見させてもらいます』と言うといてください」と話し、数日後には石橋の自宅に5億2000万円の現金が許から届けられた。恐るべき〝人たらし〟である。

重要な書類はすべて田中が管理

そして96年6月4日、新井組株をダシにした手形詐欺事件が動き始める。ロイヤル社大阪支店開設のため、大阪市内のホテルに宿泊していた林は、許の指示で田中の事務所に出向いた。そこには田中のほか、キョート・ファイナンスの湊や川辺らがいた。そこで田中が「この間交わした協定書のことやが、ロイヤルさんが新井組の筆頭株主になる手続きが必要なんや。この書類にハンついといて」と差し出したのは、新井組株715万株のキョート・ファイナンスからロイヤル社への譲渡予約契約書。ロイヤル社が石橋産業のダミー役を務めると理解していた林は、何の疑いもなくこれに押印した。

林は続いて、湊が「715万株はすでに『第三企画』という会社に譲渡していたので、その手続きが必要」として差し出した書類に押印する。実は第三企画は許の関連先だった。さらに林は、許の側近の「葡萄亭ワインセラー」社長から、ある受領書を示された。

社長は「克規の石橋産業の株券は（残る405万株の新井組株のうちの）270万株とセットでキョート・ファイナンスに預けてあり、石橋産業の株券を取り戻す際に自分が新井組の株券も一緒に受け取った。ロイヤルさんが新井組の筆頭株主になるということは、この270万株の受取人にもなっていないと都合が悪い。カネの流し込み（ロイヤル社の手形決済）が終われば、（715万株と270万株を合わせた）985万株すべてを石橋さんに渡すので、同じことです」と説明。田中も「この件はワシが全部管理しとるし、ワシが作った書類だから何の心配もいらんデ」と言ったので、林は安心して譲渡契約書に押印した。社長は続けて「（新井組1120万株のうちの）残る135万株は、（ロイヤル社の）持ち株比率が30％を超える部分になるので、市場を通じて買ったことにしないと都合が悪いはず」と話し、135万株分の譲渡契約は保留になった。

1週間後の6月11日、田中から林に連絡があった。

「やはり30％を超える部分は市場を通さなアカンらしい。石橋さんの名前のつかない、別の会社がないか当たってみてくれ。それが決まるまでの間、72億4950万円（新井組株405万株分）の手形を48億3300万円（同270万株分）と24億1650万円（同135万株分）に分けてください。24億1650万円の株券の方は適当な受け皿会社が決まるまでワシが預かって、預かり証も発行するから」

林はこれを浩に伝えて了解を得た。72億4950万円の手形を2通に分割したため、ロイヤル社が当初振り出した総額203億3400万円の手形を新井組株1120万株と交換するという協定書は書き換える必要が生じたが、その協定書も田中が預かることになった。7月14日には、ロイヤル社が985万株の新井組株を保有したという大量保有届け出書が関東財務局に提出された。だがそれは形だけで、実際にはロイヤル社に新井組株は渡されていなかった。

ようやく不審感を抱いた浩と林

もちろん許らには、ロイヤル社の手形を決済する資金を捻出できる当てはなかった。96年8月下旬、許らは「京都信金が役員の使い込み事件などでごたついており、カネの流し込みの時期が少し延びる」「銀行団に説明するのに、手形番号が前のと同じでは困る。10月末ごろにはカネを作れそうなので、もう一度書き換えてほしい」などと嘘をつき、8月30日には130億8450万円と48億3300万円の手形を書き換えさせた。

10月中旬、ようやく許に不審感を抱いた浩と林は、直に許を問い質す。すると許は

「女の腐ったような言い方をするな。アンタはオレのやり方に合わせれば、それで良いんだ。アンタの考え方など表に出す必要はない！」と逆ギレ。しかも同月下旬には、またもや手形の書き換えを依頼してきた。帝国ホテルの事務所で、許は林に開き直った。

「京信もごたついとるし、石橋さんも仕事の協力もさっぱりやし、しゃーないからワシがゼニ作って手形落とすようにしますワ。今度は決済日が97年4月末のを15億、97年9月末のを15億、97年12月末のを149億1750万円振り出して、前のんと交換してきて下さい。それと早いとこ、キョート・ファイナンスの社長になって下さい」

96年10月25日、林は大阪の田中の事務所で前回の2通の手形を引き上げ、新たに作成した3通の手形（総額179億1750万円）を湊に手渡した。

だが「手形を書き換えさせているだけでは、問題の根本的な解決にならない」と考えた許は、ついに石橋産業グループの乗っ取りを画策する。11月15日、大阪市内のホテルのスイートルーム。浩と林を前に、許が切り出した。傍には田中が座っている。

「石橋さんにも本当にカネがないようだし、ワシの持ちかける仕事の話にも協力できそうにもない。このままではワシの方も困るので、石橋産業さんの運営を一時期ワシに任せてもらえんだろうか？　ワシがきっちり儲けて、その中から石橋さんに100億円を渡す。それと、グループ会社で石橋さんが必要としない会社をお土産としてワシにくれないか。もちろん若築の会長はそのまま続けてもらって構わないし、石橋産業の資産は残したいものだけ、石橋さんのものにして構わない。ただしワシが入り込むと会社は一時期泥まみれになる可能性があるので、石橋さんは社長を降りた方が良い。新社長に誰が良いか推薦してほしい」

そして11月20日、帝国ホテルの許の事務所で、許とともに浩と林に面会した田中は「石橋産業の株券を100億円で許に売却する」という趣旨の合意書を提示した。もちろん許と田中が一方的に作成したものだ。「書類はワシが預かっておくから心配いらない。すべてはワシに任せておけ。林さんも証人やからそこに立会印を捺しといて」と、重大事をサラリと言い放つ田中。「何とかして石橋のカネを取り戻し、一刻も早く手形を引き上げたい一心」だった林は、「田中は許を抑えるために考えてくれたのだろう」と思い込み、田中の指示に従った。許に完全に絡め取られた浩と林は、もはや正常な判断能力を失っていた。

11月下旬、およそ考えられない条件の契約が許と浩の間で結ばれた。石橋産業の株取引をすべて許に一任するというのだ。許は浩の代理人として交渉に当たった弁護士をカネで懐柔し、味方にしていた。許はその後、田中の手元にあるはずの新井組株1120万株の大半を勝手に売却して100億円以上の利益を得たり、石橋産業の関連財団から預かった複数の銘柄を無許可で処分したりするなど、まさにやりたい放題だった。

この無法ぶりにさすがに業を煮やした浩は97年6月23日、ようやく石橋産業として横領の疑いで許を東京地検に刑事告訴した。林が帝国ホテルの事務所で初めて許に会ってから1年5ヵ月が経過していた。

渡航先の韓国で逃亡の末に……

イトマン事件の公判中だった許は、東京地検特捜部が手形詐欺事件の内偵捜査を始めたことに気づく。内縁の妻の実家の法事との名目で9月27日に韓国に渡った許は、宿泊先のソウル市内のホテルで倒れ、狭心症・不整脈と診断されてソウル市内の大学病院に入院。ところが10月6日に病院から忽然と姿を消し、2年後の99年11月5日に東京・お台場のホテルで身柄を拘束されるまで、国内外で逃亡を続けた。

2000年3月7日、東京地検特捜部は許、田中、それに許の側近の男2人を詐欺と許に対する犯人隠匿教唆などの疑いで逮捕・起訴した。02年6月28日の一審判決で、東京地裁の山崎学裁判長は「周到な計算の下、被害者の心理や人間の弱さを手玉のように巧みに操り、大がかりな舞台装置を利用して行った計画的で巧妙かつ狡猾な犯行」として、「経常利益が10億円にも満たない中堅会社である石橋産業が（約179億円の）各種経済的損失を被ったことはもとより、社会的信用を大きく失墜させており、本件詐欺の犯行による結果は重大」と断定。許に懲役7年、田中に懲役4年の実刑判決、許の側近の2人に執行猶予付きの有罪判決を言い渡した。

逮捕後も容疑を認めず拘留された許は、判決文言い渡しの最中に失神してしまった。08年2月に石橋産業事件の上告が最高裁で棄却され、控訴審判決の懲役6年が確定するまで、許は東京拘置所で拘置された。イトマン事件でも05年10月に最高裁で上告が棄却されて実刑（懲役7年6ヵ月）が確定しており、これに石橋産業事件の刑期が加算されることになった。刑務所に収監されたあと、許は自ら希望して12年12月から母国韓国のソウル南部矯導所で服役し、13年9月に仮釈放された。

一方の田中は08年2月に最高裁で上告が棄却され、控訴審判決（懲役3年）が確定。同年4月には相談者から9000万円を騙し取った疑いでも逮捕・起訴され、こちらも10年2月に懲役3年の実刑が確定した。08年4月1日から滋賀刑務所で服役した田中は、

12年11月に仮釈放されたが、14年11月に71歳で病死した。晩年は古巣の特捜検察の捜査手法を指弾する著作を多数執筆。この件についても、最後まで「何が詐欺に当たるのか未だに分からない」と話していたという。

許に乗っ取られる寸前だった石橋産業は、現在も浩が社長を続けている。だが事業は石油卸業に限定し、保有していた若築建設の株式も大半を売却。現在はグループの「公益財団法人石橋奨学会」が若築株の1・59％を保有するにとどまっている。

ところで許から林に渡された10億円は、許の指示に従って若築から政界にバラ撒かれた。元建設相の中尾栄一が00年、若築から6000万円の賄賂を受け取った受託収賄の疑いで逮捕・起訴された若築建設事件は、この10億円の中からカネが捻出されたと言われる。

内紛を抱えた名門の同族企業グループと、百戦錬磨の経済事件師（許自身は「詐欺師」と呼ばれることを極端に嫌ったという）。流出した石橋産業株を取り戻したいという焦りを許に見透かされた時点で、浩や林に許を拒む選択肢はなかった。在日韓国人として生まれ、幼い頃から差別の中を生き抜いてきた許にとって、お育ちの良いボンボン経営者を陥れることなど、赤子の手をひねるようなものだったに違いない。

7　早稲田大学・マネーゲーム愛好会の「相場操縦」事件（2009年）

仕手筋顔負けの早大生は如何にして転落したのか？

「株の売買をしています。未経験者でもやる気次第で稼げます。大学時代に百万円の束で人をペチペチしたい人、金風呂に入りたい人、お待ちしております」

2003年4月に発行された早稲田大学のサークル紹介誌『マイルストーンエクスプレス2003』。そこにこんな人を喰ったような紹介文を掲載したのが、大学非公認のサークルの一つ「マネーゲーム愛好会」だった。

代表者は早大2年の松村直亮《なおあき》（当時21、逮捕時は27）。その松村と、彼の同級生で愛好会メンバーの三浦幹二（当時21、逮捕時は27）は、大学近くのマンションや「六本木ヒルズ・レジデンシャル・タワー」の一室にディーリングルームを開設し、「見せ玉《ぎょく》」と呼ばれる不正な取引手法を駆使して、6年間にわたり株価操作を続けた。不正取引には松村の父親名義の証券口座も利用されていた。

この間に稼いだ利益はなんと47億円。３人はこれを高級外車の購入費やキャバクラでの豪遊費、果ては一攫千金のギャンブルの賭け金に使うなど、20代半ばの若さで放蕩三昧のでたらめな暮らしをした。

だが、世間を舐め切っていた彼らに鉄槌が下る。07年夏ごろから２年近くにわたって３人の監視を続けてきた証券取引等監視委員会（ＳＥＳＣ）は09年４月、関係先を強制調査。そして拝金主義の塊のような紹介文の掲載から約６年半が経った同年９月29日、東京地検特捜部は証券取引法（現・金融商品取引法）違反（相場操縦）の疑いで３人を逮捕した。世の中は彼らが思うほど甘くはなかった。

愛好会創設者の先輩に株取引を師事

１９９０年代後半は「日本版金融ビッグバン」が加速した時期だった。大和証券が96年に「オンライントレード」（インターネットを利用した株式や為替の売買）を開始、98年以降はオンライントレード専業の証券会社、通称「ネット証券」が次々誕生した。ネット証券は投資家にとって営業マンと接する煩わしさがなくなり、証券会社もコスト削減につながるため、異業種からの新規参入も相次ぎ、口座数は急増した。

さらに99年10月には、それまで固定制だった株式の委託売買手数料（投資家が証券会社に支払う手数料）が完全に自由化され、株取引は一気に身近な存在になった。こうした中で同じ年、デイトレーディングをやっていた早大商学部生の斎藤昭二（仮名）が設立したのがマネーゲーム愛好会だった。


デイトレーディング（デイトレ）は数十秒から数分単位の超短期売買を行い、その日の取引が終了する時点では利益や損失をすべて確定させて、ポジション（株式など有価証券の持ち高）を翌日に持ち越さないという投資スタイル。「日計り商い」とも呼ばれる。05年12月、みずほ証券がジェイコム株を大量に誤発注したことに気づいた20代の男性が、同社株を売買して一瞬で20億円もの利益を上げたことを契機に、その存在が一般にも認知されるようになった。

夜間に海外で相場を左右する出来事があっても、それに影響されない点がメリットだが、一度の取引では基本的に巨額の利益を上げることはできない。またパソコンで市場動向を終日ウォッチしなければならないため、現実には比較的自由な時間がある学生や退職後の熟年者、さらには専業者でなければデイトレーダーは務まらない。

愛好会の設立から3年経った02年4月、背がひょろっと高い優男と、色白で眼鏡をかけた小太りの男がマネーゲーム愛好会の門を叩いた。背の高い方は松村直亮、小太りの方が三浦幹二。ともに早大法学部の1年生だ。

松村は82年、東京都立川市の生まれ。男ばかりの3人兄弟で、双子の兄と弟の孝弘がいた。父親は小規模な自動車部品の工場勤務で、母親の実家は青果店を営んでいた。松村の地元の関係者は「実家は比較的裕福な家庭。直亮は田舎の子供らしい、普通の男の子でした。口数は多くないが頭のいい子で、パソコンをしょっちゅういじっていた。3人兄弟の仲も悪くありませんでした」と話す。

00年に東京都八王子市の工学院大学付属高校を卒業すると、2年間浪人して早大法学部に入学。マネーゲーム愛好会に入会する。愛好会OBが当時の松村の様子を語る。

「設立者の斎藤さんはもともと一人でデイトレーディングをやっていましたが、それではつまらないのでサークルを作って暇な学生にデイトレのやり方を教え、メンバーにはネット上でマーケット動向を監視するよう指示していました。監視役はメンバーが毎日交代でやっていましたが、面倒臭いので誰もがサボり勝ちでした。でも直亮だけは入った当初から、他のメンバーの持ち時間でも『自分がやります』と交代役を買って出るなど、やけに熱心でした」

「板情報」の注視から相場操縦の手法を会得

松村は斎藤から株取引の基本的な知識や株価チャートの見方などを教わり、ネット証券に開設した自分名義の口座で株取引を始めた。

斎藤が松村に注視するよう指示したデータの中には株価動向と「板情報」があった。板情報とはそれぞれの銘柄について「どの価格帯に何株の売り注文と買い注文が取引所に寄せられているか」を1円刻みで表示したもの。オンライントレーディングの普及によって、00年ごろからは一般投資家もパソコン上のネット証券のページで閲覧できるようになっていた。

斎藤の売買手法を観察していた松村は、斎藤がある手法によって確実に利益を上げていることに気づく。それは「買い上がり買い付け」や「見せ玉」といった違法な相場操縦の手法だった。松村は自らも同じやり方で儲けようと考え、春休みに入る前後の03年

2月ごろから本格的な株取引を開始した。前出の愛好会OBが振り返る。

「二十数人のメンバー全員でお金を出し合って、大学近くの普通のマンションを借りてデイトレをしていました。メンバーはだいたい一人が毎月70万円ぐらい儲けてはいたが、その中でも松村はダントツ。税金の関係があるからか、具体的にいくら儲かったという話は口にしませんでしたが、100万円以上上げていたと思います。松村が『(当時プロ野球の巨人にいた) 清原と同じ車に乗っている』と自慢していたのを覚えています」

ただ「買い上がり買い付け」や「見せ玉」といった相場操縦の手法を実行するには、それ相応の金額のカネが必要。そこで松村は両親や祖父、さらには愛好会メンバーで交際相手の谷佳織 (仮名) から投資資金を借りて、さらに利益を上げていった。

「買い上がり買い付け」とは、ある銘柄が取引を伴って値上がりしているよう見せかける手法。市場に出ている現在値や高値での売り注文に対し、高値での買い注文を短時間で大量にぶつけると、高値での売り注文は値段の安い方から瞬く間に約定 (売買が成立すること) していく。これによって株価は高値圏に引き上げられ、出来高も増えていくため、インターネットで板情報を見ている他の投資家は「出来高を伴って株価が上昇している」と思い込み、さらに高値を追って買い注文を入れる。そうなれば相場操縦を企てた方の思うつぼで、買い上がる過程で仕込んだ株式を売り抜けて利益を上げる。他の投資家を惑わせる行為として、金商法違反に当たる。
「見せ玉」とは、約定させる意思がないのに大量の買い注文を出しておき、他の投資家が追随すると、すでに仕込んでいた株式を売り抜け、それと同時に買い注文を取り消してしまう手法。相場操縦を企てる方は、すでに仕込んであった株式を現在値より高値で売却するため、現在値より幾分安い値段で大量の買い注文を入れる。インターネットの板情報を見ている他の投資家は「買い注文が活発になってきた。値上がりが期待できる」と思い込み、追随して高値の指値注文（価格を特定した買い注文）を入れたり、売り注文を引っ込めたりするので、株価は上昇を始める。そこで相場操縦を企てた方は、それまでに仕込んだ株式を売却して利益を確定させる一方、それまでに出した買い注文を取り消してしまう。こちらも同様の理由で金商法違反に当たる。

松村は板情報を見ながら、パソコンのマウスを秒単位でクリックして大量の買い注文をタイミングよく出し、株価を吊り上げる手法を会得していった。ＳＥＳＣ関係者は

「現実の市場で取引している感覚が薄れ、仮想空間でシューティングゲームでもしているような感覚になっていたのではないか」と分析する。

「欲しいものは手に入れるのがおれのやり方だ！」

松村と同時に入会した三浦は、松村ほど積極的には株取引に関わってこなかった。だが03年春に親元からの仕送りが減額されたことをきっかけに、三浦も同年5月から、松村の手法を見学したり、直接指導を受けたりしてオンライン取引を開始した。

03年8月、松村と三浦は、東京メトロ有楽町線江戸川橋駅近くに斎藤が所有していた文京区内のマンションの一室にパソコン数台を持ち込み、ディーリングルームとして活用し始める。松村の指導を受けた三浦は同年末ごろから「買い上がり買い付け」を始めるようになり、資金力がついた04年春ごろからは「見せ玉」も発注するようになった。

この時期に発行された04年度の早大のサークル紹介誌『ワセクラ２００４』。松村の同級生が代表者のマネーゲーム愛好会は「早稲田いや、日本最強サークル。日本一稼いでいます!!」との見出しで、まるまる１ページを使った広告を掲載した。

「サークル員のほとんどが月平均50万を超えて稼いでいます。サークル実績（03年度月ベース）Ｍ君　２４２・３万円　Ｏさん　１４３・５万円　Ａ君　63万円」

さらにこの広告にはマンガ『ドラえもん』に登場するドラえもん、のび太、ジャイアンの３人が「欲しいものは手に入れるのがおれのやり方だ！」と叫んでいる吹き出しまで付いている。松村と三浦の増長ぶりが目に見えるようだ。

04年4月には、松村の弟で大学に進学した孝弘（当時19、逮捕時は25）が、兄の直亮に勧誘されてマネーゲーム愛好会に加入。江戸川橋のマンションの部屋で株のオンライン取引を始めた。直亮が同年7月、交際中の谷と新宿区西早稲田の新築マンションで同棲生活を始めると、その部屋にも10台近いパソコンが持ち込まれ、２人の〝愛の巣〟の一角はディーリングルームと化した。弟の孝弘と三浦はここに通ってオンライン取引を行い、遅くとも04年末ごろには孝弘も相場操縦の手口を理解して、不正取引に手を染めた。

相場操縦グループが本格的に結成されたこの時期から、３人は急に羽振りが良くなる。地味で無口な子供だった兄の直亮は「ひと月の利益は多い時で３５０万円」と吹聴し、周辺には「俺たちは知能犯だ。楽して稼いだもん勝ちだ」などと豪語。それぞれが白いメルセデス・ベンツを購入し、松村兄弟は父親にベンツ、母親に高級ブランドの洋服を買い与えた。翌05年3月、三浦が新宿区内のマンションに引っ越したのを契機に、3人は複数の人間が同時に通話できるインターネット電話「スカイプ」を導入し、自宅から相場操縦で連携する態勢を整えた。

セオリー無視した見せ玉でも利益

相場操縦の松村グループが結成されたところで、彼らの具体的な手口を改めて検証しよう。3人の間の連絡は基本的にスカイプで行われた。

まず直亮または三浦が、株価の上昇率が高い銘柄や出来高の多い銘柄を選出。午前9時の寄り付き前の発注状況や、日々の値動きをグラフ化した「日足チャート」を検討したうえで、相場操縦の対象にする銘柄を決める。

直亮は対象銘柄の株価が安値水準にある間に、三浦や孝弘に買付株数や買い指値（買い注文を入れる具体的な価格）を指示し、3人がそれぞれ対象銘柄を仕込んでおく。

相場操縦の手口が買い上がり買い付けの場合、直亮が対象銘柄の株価を目標水準まで引き上げるのに必要な発注株数などを計算し、それぞれが発注する株数やタイミングを指示。3人がそれぞれの証券口座から一斉に大量の買い注文を出して買い付けるので、他の投資家はさらに高値の買い指値注文を出さなければ、対象銘柄を買い付けられない状況になった。

また、手口が見せ玉の場合、直亮または直亮の指示を受けた三浦や孝弘が、最良買い気配値《けはいね》（最も高い買い注文の価格）やその下値に、約定させるつもりのない大量の買い注文を入れて、他の投資家に「買いの勢いが優勢」と思わせ、より高い価格での買い注文を入れさせて株価を吊り上げた。

こうして株価を吊り上げると、3人は連絡を取り合いながら、より多くの株を仕込んだ者や、より高値で株を仕込んだ者から優先的に、買い付けた株や、見せ玉でたまたま約定してしまった株を売却していった。

見せ玉を繰り返していると、仲介しているインターネット証券会社に相場操縦を見破られる恐れがある。実際に直亮は遅くとも03年11月ごろ以降、利用しているネット証券から再三にわたって注意や警告を与えられていた。

そこで直亮は、見せ玉として発注した買い注文の指値を途中で変更したり、その時点では約定の可能性が低いレベルにまで引き下げたり、さらには注文株数を途中で大幅に減らしたりと、小細工を弄するようになった。この手法は三浦や孝弘にも伝授された。

実は、松村グループの見せ玉はそれまでのセオリーを無視したものだった。調査に関わった、当時のSESC関係者が証言する。

「従来の見せ玉の対象とされる銘柄は、発行株数が少なく値動きも激しい小型株が多く、過去の有名な仕手筋はすべて同じやり方でした。しかし松村グループは違いました。桁違いの資金量を誇る松村グループは一つの銘柄の取引に億円単位のカネを投入できるので、発行株数が多くて値動き幅の小さい鉄鋼や造船などの大型株でも、1～2円動かすだけでそれなりの利益を上げられます。その程度の値動きなら、ネット証券に相場操縦を怪しまれる危険性も低い。なかなかの知能犯と舌を巻きました」

こうした手口は、のちに東京地検特捜部が立件した06年6月19日の日立造船と三井鉱山（現・日本コークス工業）の株取引でも効果的に使われた。3人はそれまでの仕込み分と合わせて約4億2191万円を投入。「買い上がり買い付け」と「見せ玉」の手口で日立造船の株価を7円、「買い上がり買い付け」の手口で三井鉱山の株価を12円釣り上げたあと、仕込んだ分を売り抜けた。これにより直亮が259万円、三浦が322万円、孝弘が165万円、合計で746万円の利益を上げた。

絶頂期には1日に1000万円の利益も

話が少々先走った。直亮が最上級の4年生になった05年に時計の針を戻そう。孝弘が相場操縦に本格的に加わった05年、松村グループは絶頂期を迎えた。売買益は1日で1000万円に達することもあり、メンバーは周囲に「20億は稼いだ」「見せ玉をやらなければ損。普通の仕事が馬鹿みたいだ」などと豪語。メンバーや直亮の同棲相手の谷は高級腕時計を身に着け、それぞれが自分のベンツを乗り回した。

同年8月、直亮は谷とともに、彼女が借りた港区六本木の六本木ヒルズ・レジデンシャル・タワーC棟30階に引っ越す。谷はデイトレの利益を元手に、六本木にガールズバーを開店し、都内で複数のレストランを経営した。直亮と谷が引っ越して間もなく、六本木ヒルズ在住の若手企業家のパーティーで谷と会ったデイトレーダーが回想する。

「パーティー後に数人で彼女の部屋を訪ねると、300㎡はありそうな広い部屋。家賃は月160万円以上するはずですが、彼女は『父親が出してくれる』と話していました。しばらくしてから彼女の素性について『評判の相場師』と聞かされ、納得しました」

ベンチャー企業の経営者など新興のセレブたちが数多く住む六本木ヒルズに2人が転居したのは、彼らからインサイダー情報を得て株取引に利用するのが狙いだった。直亮は周辺に「ヒルズに住んでいる創業者や役員から確実な情報が入る」「インサイダーにならない方法で聞き出すやり方がある」などと話していたという。同年12月には三浦が同じ六本木ヒルズに、翌06年3月には孝弘が港区赤坂のマンションに転居。直亮は六本木ヒルズの一室にもディーリングルームを作り、スカイプを使って三浦や孝弘に指示を出しながら相場操縦を繰り返した。

06年3月、早大を卒業した直亮は就職情報会社に就職し、運転手付きの高級車で出勤していたが、すぐに退社してデイトレーダー暮らしに戻った。その後も同好会のメンバーらと米国ラスベガスのカジノで豪遊したり、宝くじを一度に数百万円分も購入したりと、放蕩三昧の生活を送った。

07年11月、直亮は米国の大富豪マーク・リッチの名前をもじった投資会社「リッチマーグ」を設立。翌年5月には大好物の油そばの店を台東区下谷に出店するなど、株取引で稼いだカネを実業方面にも使うようになった。有り余る資産を持つ直亮がオーナーの油そば店は、一杯の値段が600円と他店に比べて割安のため人気となり、昼時には近所のサラリーマンで繁盛したという。

「これは犯罪なのだ」

だがこうした松村グループの〝カネまみれの日々〟は、突如として終わりを告げる。グループの不正取引を約2年間にわたって監視していたSESCの特別調査課は09年4月、直亮や三浦の自宅などグループの拠点の強制調査に乗り出した。

SESCは04年11月、北海道釧路市に住む43歳のデイトレーダーの男を相場操縦の疑いで釧路地検に告発したが、デイトレーダーの組織的な相場操縦にメスを入れたのは初めて。直亮ら3人だけでなく、谷も二十数回にわたって特調課の事情聴取を受けた。

不意を突かれて狼狽した直亮は強制調査の翌月、マスコミの取材を恐れて、油そば屋を経営する会社の代表取締役を辞任し、店名も変えるなど小細工を弄したが、そんな悪あがきはもはや何の意味も持たなかった。

松村グループは短時間に発注を何度も繰り返すことで相場を操縦していたが、特別調査課で相場操縦の分析を専門に行う株価班は、松村グループの手法を秒単位で再現する独自のプログラムを開発し、売買動向を分析していた。

松村グループの6年間にも及ぶ相場操縦の歴史の中で、SESCがターゲットに絞ったのは、前述した06年6月19日の日立造船と三井鉱山の株の取引だった。この事件を立件したSESC元幹部が語る。

「標的を松村グループに絞ったのは、他のデイトレーダーのグループに対する一罰百戒の意味を込めたからです。彼らの取引には他にも疑わしいものが山ほどあり、さらに時間をかければ不正な取引件数と利得金額を積み上げて罪を重くすることもできたが、それでは東京地検特捜部に刑事告発するまでに時間がかかりすぎる。立件するために選んだ取引は、相場操縦の意図を最も明確に証明できるデータが揃ったものでした」

強制調査から5ヵ月後の09年9月29日、特捜部は直亮、孝弘、三浦の3人を証取法違反の疑いで逮捕し、翌月20日に起訴した。前出のSESC元幹部が続ける。

「検察内部では『不正利得の額がそれほど大きくないので、身柄まで取る話ではない』という声もありましたが、パソコン1台あれば誰でも相場操縦に手を染められる時代に『これは犯罪なのだ』と訴えるには、3人の逮捕は是が非でも必要でした」

10年4月の一審判決は、直亮に懲役2年2ヵ月と罰金250万円、三浦に懲役2年と罰金300万円、孝弘に懲役1年6ヵ月と罰金150万円の有罪判決を下したが、いずれも4年の執行猶予が付いた。追徴金は合わせて2億2600万円（求刑は4億2900万円）で、3人は控訴せずに刑が確定した。

松村グループが6年間で上げた不正な利益は47億円にものぼり、松村は高級車や谷へのプレゼント購入に4億円、三浦はキャバクラに8000万円を使った。逮捕された時点でグループの関連口座にはまだ30億円を超える残高があったといわれるが、犯罪行為で没収された金額は罰金と追徴金を合わせて2億3300万円に過ぎず、単純計算では3人は口座残高の1割も失わなかったことになる。これは立件された取引の利益額が746万円に過ぎなかったためだ。全くの〝やり得〟である。

またも登場した早大マネーゲーム愛好会

松村グループの有罪判決から4年半後の14年10月、またもや早大マネーゲーム愛好会OBのデイトレーダー2人が、相場操縦の疑いでSESCから刑事告発された。告発された早大OBの有江正宏と布浦隆司は13年2月から8月にかけて、神戸製鋼所など東証一部上場の4銘柄の株価をネット取引で意図的に吊り上げ、合計405万株を高値で売り抜けて540万円の利益を上げていた。2人が容疑を認めたため、告発を受理した東京地検特捜部は身柄を拘束せずに在宅起訴にとどめたが、不正に得た利益の総額は少なくとも3億数千万円にのぼったという。

２人はマネーゲーム愛好会で直亮や三浦の先輩に当たる。見せ玉の発注や家族名義の証券口座の利用、スカイプの利用など、手口は松村グループと瓜二つだ。ある愛好会OBは「学生時代には有江らの方がむしろ、派手に相場操縦をやっていた。松村らが摘発された時は『何で有江たちじゃないの？』と不思議だった」と話す。

15年10月の一審判決ではそれぞれに懲役２年６ヵ月、罰金２５０万円、執行猶予４年が言い渡され、２人合わせた追徴金は約３億９０００万円にのぼった。

日本証券業協会の調べによると、インターネットを経由した株取引の売買代金は15年度上半期で１８３兆６２７億円と、投資家による株取引全体の23・１％を占めている。05年度下半期の31・５％、09年度上半期の29・６％には及ばないものの、過去10年間の中では高い水準だ。前出のＳＥＳＣ元幹部は、改めて力説した。

「伝統的な仕手戦では、特定の銘柄の株価を吊り上げるために『仕手銘柄である』という噂を流すなど手間暇がかかっていた。しかしネット取引の普及で、現在では一般投資家でも簡単に相場操縦ができるようになりました。我々はこうしたネット取引を常時注視しています。不正取引の通報を受け付ける窓口もある。株取引の悪事は必ずバレるのです」

8　ニューハーフ美容家「脱税」事件（2010年）

ニューハーフ美容家は誰にカネを渡したかったのか？

「私の勉強不足と認識の甘さからこのようなことに至ってしまい、本当に心から悔いて申し訳なく思っております。女性の夢をクリエイトする化粧品の仕事を生業としていながら、このようなことになってしまい、深く反省しております。私自身はニューハーフとして生きてきて、たとえどんなことがありましても、この道で生きてゆくしかなく、生きてゆく道が美を追いかける道であります」

２０１０年10月22日。東京・南青山にある化粧品製造・販売会社「トリプルサン」で、美貌のニューハーフ美容家として知られる社長の岡江美希（38）は、居並ぶテレビカメラを前に深々と頭を下げた。

トリプルサンはオリジナル基礎化粧品「エポラーシェ」シリーズを独自開発。岡江は

05年11月からテレビのショップチャンネルに出演し、自らが広告塔となってエポラーシエ・シリーズをPRした。するとこれが予想をはるかに超える大ヒットを記録、岡江は不透明な将来に備えておこうと安易な所得隠しを始める。ところが東京国税局査察部にいともたやすく見破られ、法人税法違反（脱税）の疑いで告発されてしまった。

トリプルサンが09年3月期までの3年間に隠した所得は約6億1200万円、法人税の脱税額は約1億7900万円。岡江は執行猶予3年の付いた懲役1年6ヵ月（会社は罰金4300万円）の有罪判決を受け、せっかく手にした信用を一瞬で失った。

独自開発の基礎化粧品シリーズが爆発的人気に

岡江の人生は文字通り波瀾万丈だ。1971年12月に兵庫県・淡路島で多田直樹として生を受けた岡江は18歳で家出。大阪・梅田の老舗ニューハーフショーパブ「Jack and Betty」のダンサーとして瞬く間に頭角を現す。女優の岡江久美子に憧れて「岡江」の源氏名を名乗り、性別適合手術を受けて22歳で上京。六本木のレストランシアター「金魚」でもトップダンサーを張った。だが、ステージで強いスポットライトを浴び続けることで起きた深刻な肌荒れに衝撃を受け、24歳の若さでダンサーを引退。

広告代理業やレストラン経営を行う「トリプルサン」を96年2月に立ち上げた。

転機が訪れたのは01年のことだ。ダンサー時代の常連客だった男性医師から「自分の研究成果とあなたの意見を合わせて化粧品を作ろう」と誘われた岡江は、この医師とともにオリジナル化粧品の開発に取り組む。そして03年には都内の直営レストランを閉鎖し、基礎化粧品エポラーシェ・シリーズの製造・販売に本格的に乗り出した。

05年5月、岡江は名前を「直樹」から「美希」に変更。さらに同年11月にはテレビショッピング専門チャンネルの番組「ショップチャンネル」に自ら出演し、エポラーシェ・シリーズをＰＲした。ある化粧品業界関係者が当時を振り返る。

「女性の目から見ても肌が白くて美しい岡江さん自身が広告塔になっているから、消費者も商品の効果を納得できる。メーク落としにオリーブオイルを使うなどシンプルな美容法を勧め、自らの好感度を高める商売のやり方はなかなか効果的でした」

これをきっかけに30代から40代の女性の間で、エポラーシェ・シリーズの人気に火がついた。05年３月期に約５１００万円に過ぎなかったトリプルサンの売上高は、06年３月期には約４億７０００万円に激増し、08年３月期は約11億円、09年３月期は13億円に上った。わずか４年間で実に25倍もの急成長ぶりだ。ショップチャンネルでは06年６月に、紫外線を予防するUVクリーム（1個5500円）が5日間で2万2000個も売れ、同チャンネルの瞬間最高記録を作った。

エポラーシェ・シリーズが爆発的に売れたもう一つの要因は、その絶妙な価格設定にあった。前出の業界関係者が続ける。

「一般的な主婦やOLにとっては決して安くはないけれど、手が出ないほど高いわけでもない。商品の品質自体は悪くないので、岡江さんが効果をPRすることで、消費者は『頑張っている自分へのご褒美として買ってみよう』という気持ちになります。リピーターの主婦やOLも多いようです」

激増したのは売り上げだけではない。税引き前利益は07年3月期に約7億3000万円に達し、その後も08年3月期が約5億9000万円、09年3月期は約4億8000万円と高水準で推移した。減益になったのは後述するように所得隠しを始めたからだ。

「化粧品会社は一発当たればボロ儲けできる美味しい商売。例えば社員は社内販売で自社の商品を小売値の半値以下で買えるのですが、それでも会社は利益が上がる。つまり化粧品の卸値は、小売値の半値以下なのです。卸値と小売値の差額の大半は、タレントやモデルのギャラといった広告宣伝にかかる費用で、小売値に占める原材料費は微々たるもの。トリプルサンは岡江さん自身がタレントだから、広告宣伝費はそれほどかからないはずなのに、商品は決して安くはない。当然、利益率は高いはずです」（化粧品会社を担当したある広告代理店社員）

これほどユニークな経歴の持ち主を、目新しい物好きのメディアが放っておくはずがない。『美人肌のヒミツ』『美肌の真実』など美容に関する著書も上梓した岡江は〝美肌の女王〟として一躍脚光を浴びるようになる。ショップチャンネルが放送されるCSやBSだけでなく『スパイスTVどーも☆キニナル！』『近未来予報ツギクル』（ともにフジテレビ系）、『踊る！　さんま御殿!!』『魔女たちの22時』（ともに日本テレビ系）など、地上波のワイドショーやバラエティ番組にも相次いで出演し、化粧品を買わない男性の間でも知名度が急上昇した。岡江は笑いが止まらなかったことだろう。

ブレインの入れ知恵で脱税に手を染める

エポラーシェ・シリーズの大ヒットで、一気にスターダムにのし上がった岡江。突然転がり込んできた大金を使って高級レストランに通うなど、セレブ生活を送るようになった。しかし、大当たりしたベンチャービジネスの経営者の常として、頭の痛い問題を抱えることになる。06年3月期の急激な増収増益の結果、法人税の納税額が急増し、岡江は節税対策に知恵を絞り始めた。

まず手をつけたのが社宅の建設。会社の資金で建てた住宅に社員が住めば、土地の取得費や建設費は経費と認められ、納税額を減らすことができる。トリプルサンは07年の5月と6月、東京都大田区の住宅街に総面積約300㎡の土地を購入。1年後の08年7月、以前は古いアパートが建っていた場所に瀟洒な一戸建てが完成した。

薄茶色のレンガ造りのように見える建物は地上3階建てで、1階から3階までの延べ床面積は約300㎡。駐車スペースは高級車2台が余裕で駐められるほどの広さ。その豪華さは際立っている。鉄の扉の門の横には「多田」の表札。岡江は会社に相当額の家賃を支払い、ここに住んでいた。この豪邸では、インターネットのホームページに載せるエポラーシェ・シリーズのPR映像が撮影されたこともある。

駐車スペースに置かれている岡江愛用の白いベンツも会社の所有だ。社長が暮らす邸宅や高級外車を会社名義で所有するのは、急成長した会社が納税額を少しでも減らすために使う節税の常套手段である。

ところがトリプルサンにとって、この程度の節税策は「焼け石に水」だ。エポラーシェ・シリーズはその後も売れに売れていた。07年3月期の業績見通しは相変わらず絶好調。「何かいい節税手段はないのかしら」。岡江は知恵を絞ったが、もともと税務に疎いため、いいアイデアが浮かぶはずもない。切羽詰まった岡江は07年3月、取引先の広告代理店「ザ・ファースト」（横浜市港北区）社長の山本芳裕に相談を持ちかけた。

ザ・ファーストからは役員の一人がトリプルサンの監査役に派遣され、その支店は南青山のトリプルサン本社内に置かれていた。岡江が07年7月までの2年間、ザ・ファーストの取締役に名を連ねる一方、ザ・ファースト社長の山本もトリプルサンの立ち上げから3年間、同社の取締役に名を連ねていた。岡江にとって山本は、古くからのブレインの一人だったようだ。相談を受けた山本は岡江にこんなアドバイスをした。

「税金を払うカネが工面できずに、潰れる会社もある。今年業績が良くても、来年も良いとは限らない。まさかの時に備えておカネを貯めておかないと」

思いがけない山本の一言は、業績を急拡大させることに「一時的なゲーム」の感覚で熱中していた岡江に言い知れぬ恐怖を与えた。

「一度にたくさんの税金を請求されたら、とても払えない。どうすればいいの？」

そこで山本が岡江に提案したのが、経費を水増しして所得を減らす手口だった。具体的には、トリプルサンがザ・ファーストに「販売促進費」を毎月水増しして支払い、ザ・ファーストの山本が水増し分の1割を手数料として差し引いて、残りを現金や小切手でトリプルサンにキックバックする古典的な所得隠し＝脱税の手口である。

販売促進費とは、商品の販売量を増やすために支払う、販売奨励金や販売手数料のこと。具体的には商品の陳列や使い方の実演、見本品の配布など、店頭で行われる宣伝活動に対して支払った経費がこれに当たる。だが、通販が中心のトリプルサンの場合、直営店は09年3月末の段階で全国にわずか3店舗。直営店以外で商品を取り扱っている店舗数もごくわずかだった。テレビやインターネットの通信販売が中心の会社で、販促費が膨らむこと自体、そもそも怪しかった。

山本に脱税の手口を相談したつもりはなかったが、将来の資金繰りの逼迫に対する恐怖感は拭えない。「お前のいいようにしてやるから、俺に任せろ」。〝悪魔のささやき〟に縛られた岡江は07年4月から、この古典的な脱税の手口をスタートさせた。

別のブレインの会社とさらに脱税の深みへ

ザ・ファーストの山本の提案で始めた脱税工作で、トリプルサンにキックバックされる現金は毎月1000万円にのぼった。「大丈夫なのかな？　税務署にバレたらどうしよう……」。次第に不安になった岡江は、09年度になって販促費の水増し分を減額。トリプルサンにキックバックされる金額を月500万円に半減させた。

だが販促費の水増し自体を止めることはできなかった。山本が「水増し分を一度にゼロにすると、税務署にバレてしまう」と岡江を不安にさせたからだ。税務の知識のない岡江は山本の言葉に従うしかない。販促費の水増しは結局、09年12月まで2年8ヵ月にわたってズルズルと続けられた。

ザ・ファーストはトリプルサンの本社内に支店を置いている関係で、トリプルサンに家賃を支払っていた。ところがこれは毎月のキックバック分と併せて岡江に現金で渡されるため、岡江は税務署に感づかれないよう、家賃収入を売り上げから除外した。

ザ・ファーストへの経費の水増しを開始したのとほぼ同じ07年春ごろ、岡江は古くから付き合いのあるコンサルティング会社「イクゼ」（東京都中央区）社長の飯田友一からも、山本と同じような脱税スキームを提案された。

飯田は多種多様な事業を手掛けていて、それまでも岡江に中国での金型製作機への投資話などを持ちかけてきたが、中身を理解できない岡江は申し出を断り続けていた。そんな中で06年3月ごろ、飯田が岡江にも理解できるビジネスを持ち込んできた。

「面白い化粧品のレシピがある。トリプルサンで商品化して、当たったらロイヤリティー（権利料）を払ってほしい」

岡江はこの話に乗り、飯田が提供したレシピを商品化。するとこれが大当たりしてトリプルサンの業績はさらに伸びた。

「約束通り、レシピのロイヤリティーを払ってほしい」と求めた飯田が、岡江に指定した支払い方法は、トリプルサンがイクゼに業務委託費を毎月水増しして支払い、イクゼはその一部をロイヤリティーとして差し引いて、残りを現金や小切手でトリプルサンに還流させるというもの。つまり飯田は自身に支払われるロイヤリティーを裏金として受け取り、納税を逃れるつもりだった。

「ザ・ファーストと同じことを、イクゼでもやるの？」

岡江は躊躇したものの、儲けさせてくれた飯田に恩義を感じていることも事実。「自分にも儲けさせろ」という飯田の言い分を断れず、さらに脱税の深みにはまった。業務委託費の水増し額は当初、飯田のレシピを使った商品の売上高の3％で、飯田の取り分は水増し額の4分の1にのぼった。岡江は水増し額を段階的に減らしたものの、水増し自体はイクゼに税務調査が入る09年4月まで、2年間にわたって続いた。

トリプルサンの脱税の手口はこのようにかなり初歩的なものだったが、担当税理士はこれを見過ごしていた。この脱税スキームを持ち掛けた山本が社長を務めるザ・ファーストの税理士が、トリプルサンの税理士を兼ねていたので、それも当然だった。国税OBの税理士が推測する。

「ザ・ファーストの山本は販促費の水増し分から差し引いた手数料を、自分の所得として申告していないはず。そこはザ・ファーストの税理士も心得ていて、岡江に指摘しなかったのだろう」

のちの公判で岡江は「税理士は気づいていたはず。指摘されていれば水増しはしなかった」と断言している。

国税にとって格好の〝お客様〟

「朝からとある事情で拉致されており　何もできましぇんでした」

10年3月5日。いつもサービス精神旺盛で饒舌な岡江のブログには、たった一言だけこう記されている。この日の朝、トリプルサンや岡江の自宅など関係先に東京国税局査察部が強制調査に入った。私はこの日、事情聴取に応じるため国税局を訪れた彼女をたまたま見かけている。大きなマスクをかけて顔を隠した岡江は、険しい目つきで愛車のベンツに乗り込み、あっという間に走り去って行った。

国税局は09年4月にイクゼを税務調査した際、トリプルサンの脱税工作の端緒をつかんだ可能性が高い。ただ、トリプルサン自体が業績の急拡大と岡江の度重なるテレビ出演によって、マルサに目を付けられる存在になっていた。18歳で淡路島の実家を飛び出し、20年かけて自力で勝ち取ったセレブ生活。自らがエポラーシェ・シリーズという化粧品の広告塔でもある岡江にとって、そうした自分の姿や行動をメディアに晒すことは必要不可欠でもあった。

だがそんな経営者の動きに常に目を光らせているのが国税当局だ。彼らに対して岡江はあまりに無邪気かつ無防備だった。査察部OBの税理士が明かす。

「東京国税局が管轄する東京、神奈川、千葉、山梨の1都3県にある法人は約96万もあり、これに個人の調査が加わるのですから、情報収集は並大抵のことではありません。

そんな中でトリプルサンのように経営者がメディアに頻繁に登場したり、業績が短期間で急拡大した法人は真っ先に目を付けられる。突然桁違いの税金を納めることを想像すると、経営者はどうしても脱税したくなる。ワンマン経営で経理体制も整っておらず、税務申告は杜撰《ずさん》ですから、我々には格好のお得意様です」

物的証拠が重視される日本の刑事裁判の中で、脱税の動かぬ証拠となるのが、隠したカネの使い道、通称「たまり」である。「たまり」は現金そのものや、預貯金や金塊など現金相当のモノに形を変えているばかりでなく、株式や不動産、さらには高級外車などにも変容する。かつては長期信用銀行や農林系金融機関が発行する、買い手を特定できない無記名の割引金融債が、巨額のカネを薄っぺらな紙一枚にすり替える格好の道具として富裕層の人気を集めたが、現在は発行されていない。この「たまり」こそ、査察部が強制調査で最も必死に探し出すもので、預貯金や金塊の場合、脱税者たちは自宅の天井裏や貸金庫に隠したり、庭に埋めたりして隠している。

岡江の「たまり」は何だったのか。査察部が関係先を強制調査したところ、著名なガイドブックに登場する東京の超高級レストランの領収書が数多く出てきた。中華料理の「富麗華」、フレンチの「タテルヨシノ」、イタリアンの「エノテーカピンキオーリ」

……。いずれも庶民には高嶺の花の「名店」ばかりだ。岡江はこうした店を訪れては、そのメニューや味について自らのブログ上で紹介していたが、その費用は「たまり」から支出していた。

「たまり」はこの他にもイタリア、ハワイ、セイシェルなどプライベートで出かけた海外旅行の費用や、貴金属など装飾品の購入費に充てられたり、岡江の自宅に現金で保管されたりしていた。岡江は無邪気に海外旅行を楽しんでいる様子をブログ上に公開していたが、これではまるで「私に注目して！」とマルサにアピールしているようなものだ。

「まさかの時」に備えて蓄えるはずの「たまり」は、全く違う目的に浪費されていた。

査察部の事情聴取に協力したため、岡江の脱税の全体像は順調に解明された。強制調査から7ヵ月後の10年9月、査察部は岡江と法人としてのトリプルサンを法人税法違反の疑いで東京地検に告発。複雑なカネの流れを完璧に突き止めなければならない査察部の事案としては、順当に仕上がった方だろう。

ただ、査察部にも解明できない点が一つあった。岡江が「私的な飲食費や貴金属の購入に充ててた」と主張する「たまり」のうち、約1億4000万円分について、領収書など裏付けとなる証拠が出てこなかったのだ。

「本当にそれほどの金額を飲食に充てていれば、あなたはそんなスリムな体形ではいられないはず。何か別のことに使ったのではないのか？」

こうした査察官の追及にも、岡江は頑として主張を変えなかった。査察部が告発したあと、事情聴取の場が東京地検特捜部に移ってからも、岡江の主張は変わらなかった。岡江の人柄を表す、真相については後ほど詳述する。

11年2月17日、特捜部は岡江と法人としてのトリプルサンを法人税法違反の罪で在宅起訴した。トリプルサンが隠した所得は07年3月期が2億1275万円、08年3月期が2億2343万円、09年3月期が1億7649万円の合計6億1267万円にのぼった。法人税の脱税額は合計で1億7929万円。岡江は修正申告し、懲罰的な意味を持つ重加算税を除いた法人税の本税を先に納めた。

1億4000万円の「たまり」はどこへ？

起訴から2ヵ月経った11年4月22日の初公判。グレーのジャケット、黒のスカート姿で出廷した岡江は、検察側が読み上げた起訴事実を「合っています」と低い声で認めた。

驚きの証言が飛び出したのは、同年5月18日の2回目の公判でのことだった。領収書など裏付け証拠が存在しない「たまり」約1億4000万円分について、岡江は自ら「おカネに困っているニューハーフの友人たちに貸した」と明かしたのだ。しかも、それはある時払いの催促なし。「貸した」というより「あげた」に等しかった。

「査察や地検の聴取では『たまり』のうち、友人に貸したカネは2人に2億円程度と言っていましたが、本当は6人に3億4500万円です。金銭貸借契約書（いわゆる借用書）も交わしておらず、利息も取っていません」

カネを貸した相手は、イクゼ社長の飯田（貸付額8500万円）を除けば、岡江がショーパブのダンサー時代に世話になった仲間ばかり。一番多い相手には1億2600万円も貸していた。裁判官と岡江とのやり取りが続いた。

裁判長「それは『貸した』のではなく『あげた』のです。なぜそんなことを？」

岡江「不景気でニューハーフの店も閑古鳥が鳴いています。でも私が行くと昔の仲間たちは喜んでくれます。私はお人好しで、『お世話になった人に恩返しがしたい』という気持ちが強い人間なので、不景気で困っている仲間を助けたかった。おカネを貸してあげたい、という考えは脱税を始めた当初からありました」

裁判長「なぜ査察の聴取で正しく言わなかったのですか？」

岡江「私が話せば貸した相手に調査が入ったり、税金が発生したりして迷惑をかけてしまうし、すでに返済を申し出てくれている友人もいます。ただ、こちらから返済するよう依頼した飯田さんだけは、それまで使っていた携帯電話を解約し、連絡が取れなくなってしまったので、返済を求める訴訟を起こしました」

裁判長「隠した所得の中で、あなた自身が飲食や宝飾品購入に使った金額は?」

岡江「せいぜい年間1000万円程度です」

つまり岡江は、カネを渡した昔の仲間たちが税務調査を受けないように配慮していたのである。私は脱税の詳しい手口を知るため、数多くの公判を傍聴してきたが、こんなエピソードが飛び出したのは初めて。「脱税する割には、結構いい奴じゃないか」と岡江を見直した。

同年6月3日。胸元の大きく開いた紫色のブラウス姿にメークをばっちり決めて出廷した岡江に判決が下った。会社は罰金4300万円、岡江は執行猶予3年の付いた懲役1年6ヵ月(求刑は1年6ヵ月)の有罪判決。3年間で約6億1200万円の所得を隠し、約1億7900万円を脱税した事件としては寛大な判決だった。

だが、やはり世間は甘くなかった。トリプルサンは売り上げの9割を占めていたショップチャンネルの契約を一時切られ、脱税の事実が公になった11年3月期の売上高は約8億6000万円と、前年から3割近く減少した。利用者からは返品が相次ぎ、本社の外壁に商品が投げつけられたこともあった。重加算税分の1億円余りは銀行から借り入れて支払おうとしたが、返済計画を認めてもらえず、融資を受けられなかった。

民間の調査機関、帝国データバンクによると、トリプルサンは12年3月期に約100万円の赤字を計上した。その後も売上高の減少は続き、15年3月期には最盛期の3分の1強にまで落ち込んだが、利益の方は年間1000万～2000万円台を確保している。本社の移転など経費の削減でしのいでいるようだ。

「まさかの時に備えてお金を貯めておかないと」という長年のブレインの一言に唆され、せっかくつかんだ数多くの消費者の支持を自ら手放してしまった岡江。「自分にも儲けさせろ」という下心が見え見えのブレインに頼るのではなく、当初から信頼できる税理士を雇って税務処理を任せていれば、ベンチャー起業家としての華々しい成功を捨て去ることなく、エポラーシェ・シリーズの愛用者に支えられた安定的な経営を続けることができたはずだ。

9 クレディ・スイス証券元部長「脱税（無罪）」事件（2009年）

単なる勘違いの申告漏れがなぜ脱税に問われたのか？

2008年秋、スイスの大手金融機関「クレディ・スイス・グループ」（CSG）の日本法人「クレディ・スイス（CS）証券」（東京都港区）の社員と元社員合わせて約300人が国税当局の呼び出しを受け、親会社のCSGから報酬として支給された、ストックオプション（SO＝株式購入権）やファントムストック（FS＝自社株連動型報酬）と呼ばれる株式型の報酬の税務申告について尋ねられた。

こうした報酬は、米国の系列証券会社「クレディ・スイス・ファースト・ボストン」（CSFB）にある社員個人の口座に付与されており、社員は日本で所得申告する必要があった。だが呼び出されたうちの約100人は「日本での給与と同じく源泉徴収されている」と思い込み、全く申告していなかった。

中でも申告漏れの金額そのものが大きいうえ、意図的な所得隠しではないことを頑な（ＣＳＦＢ）に主張し続けた元外国債券部長の八田隆（46）は09年12月、所得税法違反（脱税）の疑いで東京国税局査察部から東京地検特捜部に刑事告発された。

だが「徴税権力」と粘り強く闘い続けた八田は、査察から5年余りをかけて史上初の無罪判決を勝ち取る。この章は「会社は社員を守らない」「国家権力は無実の人間を平気で罪に陥れても恥じるところがない」という教訓である。

世界中で進む脱税情報の提供

世界中の税務当局は01年9月11日に米国で起きた同時多発テロ以降、タックスヘイブンを利用したマネーロンダリング（資金洗浄）や逃税行為を厳しく監視するようになった。同時多発テロを起こしたアルカイダなどのテロ組織は、顧客に関する銀行の守秘義務を法律で規定しているスイスのプライベートバンク（ＰＢ＝富裕層に資産運用サービスを提供する銀行）に資金を預け、タックスヘイブンに設立したペーパー会社を経由させてテロ活動に利用していた。ＰＢの口座は、氏名ではなく番号で管理される「ナンバーアカウント」で、脱税している顧客の情報も極めて厳格に守られていた。

そこで米国は、世界の金融の中心地であるニューヨークのウォール街での営業権をタテに、必要な顧客情報を提供するようPBに強く要求。経済協力開発機構（OECD）も、情報提供に後ろ向きなタックスヘイブンの国や地域のリストを公表するなど圧力をかけた。さらに08年のリーマン・ショックや、複数のPBの行員が顧客の情報を持ち出して税務当局に提供するなどの〝追い風〟が吹いた結果、定評あるスイスのPBの情報秘匿力は劇的に低下。次第に各国の税務当局は、税金を適正に納めていない自国の富裕層の情報を入手できるようになった。

こうした流れの中で日本の国税当局も2000年代半ば以降、外国にある親会社から株式報酬を受け取りながら適正に税務申告していない日本法人の社長らを、脱税容疑で摘発してきた。CS証券の社員が次々と申告漏れを指摘されたのと同じころ、別の外資系証券会社でも複数の社員が同様の指摘を受けており、欧米の税務当局から情報を提供された日本の国税当局も、海外で受け取る株式報酬の申告漏れを重点的に調査していた。

源泉徴収されていなかった海外での株式報酬

この章の冒頭で書いたSOやFSとは、業績向上に貢献した社員に報酬として与えられる権利の一種。自分の会社の株式が事前に設定された価格（権利行使価格）に達すると、これを与えられた社員は権利を行使して株式を基本的に無償で手に入れて、値上がりしたタイミングで売却して利益を得る仕組みだ。

SOは権利を行使して自社株を取得した時点と、取得した自社株を売却した時点の2段階で課税される。まずは事前に設定された権利行使価格と、実際に権利行使して株式を取得した価格との差額に取得株数をかけた金額が給与所得として所得税の対象となり、次に取得時の株価と売却時の株価の差額に取得株数をかけた金額が、譲渡所得として譲渡税の対象になる。

FSではファントム（幻）の言葉の通り、社員は実物の株式ではなく、株価に連動して価値が決まる『ペーパー株式』を与えられ、事前に定められた期間が経過した後にこれを会社に売却したと想定して、期間中の株価の上昇分を現金などで受け取る仕組み。取得した時点の株価に取得株数をかけた金額が給与所得、取得時と売却時の株価の差額に株数をかけた金額が譲渡所得になる。

どちらを社員に与えるかは会社によって、またその時点の会社の経営状態によって異ななる。ＳＯは実際に社員に株式を発行する分、これによって１株当たりの価値が希薄になる問題が起こる。ＦＳでは会社は株式を発行しないで済むが、社員に現金を支給するので金銭的な負担が増える。

こうした株式報酬は、外資系企業の日本法人の社員に、親会社の株式が上場されている国で与えられることが多い。日本法人が社員に支給する給与とは異なるため、日本法人には所得税を源泉徴収する義務がない。

だが日本の義務教育では税金に関する知識をまともに教えず、サラリーマンには納税に関する知識が著しく欠けている。このため外資系企業の日本法人の中には、確定申告の時期が近づくと社員に申告するよう何度も通知したり、出席義務を課した社員向けの税務セミナーを開催したりして、海外で与えられた株式報酬を適正に申告するよう指導しているところが多い。社員が海外で株式報酬を与えられる際には、あえて日本法人が源泉徴収しているところさえある。

ところがＣＳ証券では、そうしたことは全く行われていなかった。問題が起きた当時、ＣＳ証券には約７００人が在籍していたが、居住地を管轄する税務署に呼びされた社員と元社員を合わせた約300人は、全員が「フロントオフィス」と呼ばれる部署の社員だった。外資系証券会社の社員が打ち明ける。

「フロントオフィスの社員は、事務作業中心の『バックオフィス』とは異なり、常に市場の動向を見極めながら、顧客や同業者とやり取りしています。給与は実績に応じた歩合制なので、会社の業績アップに貢献できれば億単位の高給が受け取れる一方で、その逆もある。少なくとも取引の中心がロンドン市場に移る夕方まで、席を外す余裕はありません」

呼び出されたCS証券の社員が税務署から受けた指摘は「親会社から米国で与えられた株式報酬の所得が、適正に申告されていない」というもの。約300人のうち約100人は全くの無申告で、その中には社員の法令順守をチェックするコンプライアンス部の部長も含まれていた。申告漏れの金額が大きいため、個人の悪質な所得隠しを調査する東京国税局の課税第一部資料調査（料調）第一課に出頭させられた社員もいた。無申告だった社員は誰もが「会社が源泉徴収してたんじゃなかったの？」と思ったという。

呼び出された約300人のうち、約200人は申告していたものの、大半は「誤った費目に計上している」と指摘されて修正申告。適正に申告していたのは、株式報酬を受け取った社員の1割前後に過ぎなかった。一人一人の申告漏れ額は数千万円のレベルだが、1億円を超えるケースも複数あり、最終的にCS証券社員の株式報酬の申告漏れ総額は07年までの数年間で約20億円、追徴税額は加算税を含めて数億円にのぼった。

申告漏れが1人や2人なら社員個人の問題だ。だがCS証券では、税務調査を受けた社員と元社員の3人に1人が、株式報酬の所得を全く申告していなかったことになる。この事実だけでも、CS証券が株式報酬の適正な申告について社員に説明していなかったことは明らかで、マルサが乗り出すような悪質な所得隠しなどではなかった。

「適正に申告するよう指導」と主張したCS証券

CS証券の給与システムはどうなっていたのだろう。元社員が解説する。

「外資系の金融機関には様々な給与プログラムがありますが、CS証券の社員は賞与については、一部を現金、一部を親会社のCSGの株式、一部を退職金の積み立ての形で受け取ります。株式報酬を受け取る場合、CS証券の社員は、CSGの株式が上場されている米国で、系列証券会社『クレディ・スイス・ファースト・ボストン』に証券口座を開設し、そこでSOやFSを与えられていました」

株式報酬が社員に与えられるのは年に一度。社員は毎年1回「クレディ・スイス・グループ・マスターシェア・プラン」（基本株式プラン）に沿って会社側と交渉し、そこで与えられる株式数を決められる。CSFBの口座に与えられる株式報酬の株数や、与えられる月は毎年異なっており、株式報酬が与えられると、A4サイズ1枚の英文の覚書（メモランダム）が送られてくる。税務申告に関する部分を翻訳してみよう。

「かかる株式の交付について、雇用する側は所得税の報告や源泉徴収を求められておらず、将来のある時点で日本の国税当局から詳細について尋ねられる可能性があることに留意してください。そのような場合、われわれは貴殿に別途ご連絡することなく、この覚書に記載された情報を国税当局に提供します」

「こうした報酬に対する税務上の取り扱いや、所得税の申告義務に従うために取るべき手順について、個別に助言を受けられることを強くお勧めします」

英語独特の何とも持って回った表現で、要は①会社に所得税を源泉徴収する義務はない②税務上のことは専門家に相談せよ――と言っているのだが、「所得税の源泉徴収はしていない」とは一言も書かれていない。前出の元社員が解説する。

「専門用語で『ディスクレーマー』と呼ばれる、法的責任を回避するための文言です。

この覚書にしたところで、株式報酬を与えられてから2〜3週間後に社内便で配付されるので、すでにSOやFSを売却していれば誰もわざわざ読んだりしません」

CS証券では過去に「給与プログラムセミナー」を何度か開いたことがあった。だが、開催時期は確定申告と全く関係がなく、参加も強制ではないため、顧客との対応に明け暮れているフロントオフィスの社員や、給与プログラムに関心のない社員は出席しなかった。いきおいフロントオフィスの社員は無申告となり、呼び出された税務署では「外資系証券会社に勤めて学歴も高いのに、こんなことも知らないの？」と驚かれた。

社員の株式報酬の申告漏れについて取材を受けたCS証券の広報担当者は一貫して「当社としては適正に申告するよう指導している」とコメントし続けた。これに対して「そんなことは一度もなかった」と憤る元社員はこう語った。

「メモランダムは『会社は税金を源泉徴収するものではない。税務に関しては専門家に相談しなさい』という非常に消極的な文言で、会社はこれをもって『指導している』と言っているわけです。それに金融の知識と税務の知識は全く別物。CS証券の社員はほとんど中途入社なので、以前在籍した会社で海外の株式報酬を与えられた経験がなければ、所得税は源泉徴収されていないなんて、教えてもらわない限り分かりません」

突然やってきたマルサ

国税当局から呼び出された中には、07年4月まで外国債券部長として活躍した元社員の八田隆もいた。八田は東大法学部を卒業後、87年に米国の「ソロモン・ブラザーズ・アジア証券」（現・シティグループ証券）東京支店に入社して債券トレーダーを長く務めたあと、01年6月にCS証券に移籍し、07年4月まで在籍した。社員の平均勤続年数が3年程度というCS証券で「6年」という勤続年数は異例の長さ。退職時には日本企業の「執行役員」に当たる「マネージング・ディレクター」の肩書を持ち、年収も1億5000万円近かった。07年9月には米国の「ベアー・スターンズ（ジャパン）証券」東京支店に移籍したが、それから1年も経たないうちに同社がサブプライム住宅ローン危機で消滅したため、08年8月には一人息子の将来を考えて家族連れでカナダのバンクーバーに移住。新たな就職先を探していた。

八田は05年から07年までの3年間に、5回にわたって約3億6044万円相当のFSとSOを受け取っていた。特に07年は会社都合で退職し、将来の分も前倒しで受け取ったため、3回にわたって合計2億8509万円相当と他の社員に比べて突出していた。

税理士から電話がかかってきたのは、就職活動中の08年11月初めのことだ。

「八田さん、国税局から連絡がありました。申告漏れがあるようですよ」

「おかしいな。源泉徴収票はいつも提出していましたよね」

日本の国税当局に事情を説明するため、同年12月にカナダから帰国した八田は、本局の課税第一部資料調査第一課（料調）に呼び出され、「海外で付与された株式報酬は、別途確定申告する必要がある」と指摘された。海外の株式報酬分の所得を申告していなかったのは事実だが、八田は「源泉徴収票を税理士に提出すれば、給与関係の税務作業は終わり」という認識だった。米国で受け取ったFSやSOの所得税も日本の給与所得と同様、会社側が源泉徴収しているものと思い込んでいたのだ。

「そんなこと言われても、誰も教えてくれなかったし……。そういう仕組みであることを知らなかっただけで、意図的に隠したとか、仮装・隠蔽したのでは断じてありません」

料調との2度にわたる面談で、八田は繰り返し主張した。3回目の面談の日時を決めて、修正申告に応じる準備を始めたが、これが突然キャンセルになる。そして08年12月16日の早朝、帰省先の金沢市の実家など関係先5ヵ所に、東京国税局査察部の強制調査が入った。午前8時から始まった強制調査は長いところでは夕方まで続き、八田自身も実家の強制調査が終了した午後4時過ぎから翌日未明まで、最寄りの金沢国税局の一室で査察官4人と対峙した。

強制調査の当日、査察官の一人は「法人なら調査期間は半年かかるのが普通です。八田さんは個人ですから、それほどかからないと思いますが、それでも2、3ヵ月はかかると覚悟してください」と説明した。「料調との面談を一方的にキャンセルされたのでおかしな感じはしたが、まさか査察に入られるとは。あれほど『意図的に申告しなかったのではない』と説明したのに……」。問答無用の強制調査を受けたことに、八田は全く納得できなかったが、翌09年1月から本格化した事情聴取に合わせて帰国し、2月までの2ヵ月半の間に12回の聴取を受けた。

いつまでも続く事情聴取

料調からの査察連絡で八田を強制調査した査察部が突いてきたのは、八田がニューヨークのCSFBにある証券口座で付与されたFSやSOを売却し、その資金を日本の銀行ではなく、スイスの大手金融機関、UBS銀行のシンガポール支店の口座に移し替えていた点だった。スイスもシンガポールもともにタックスヘイブンで、しかもUBSの口座はこの章の冒頭で紹介したPB口座。国税当局が最も目を光らせている「外→外」の資金移動だ。マルサが「怪しい！」とにらんだのも、ある意味で当然だった。

しかし、この疑いは全くの的外れだった。八田自身が語る。

「シンガポールの口座は私自身が日本から送金して実名で開設したものです。日本の銀行から何度か100万円以上送金しているので、税務署には支払調書が提出されているはずです。私は海外勤務が長く、海外絡みの業務も多いので、ドルなどの外貨資産は以前から使い勝手の良いシンガポールの口座で管理・運用しています。確かに富裕層相手のPB部門の口座ではありますが、疚しいカネを作る意図など端からないので、数字で管理するナンバーアカウントではなく、私の氏名で管理されています」

「ニューヨークのシティバンクにも、現地で開設した口座を一つ持っているのですが、これは日本の国税当局には把握されていません。私が海外の株式報酬の所得を隠そうと思えば、FSやSOを売却して得た資金はこの口座に送金したはずです。でも私はそうしなかった。この事実だけでも、私に脱税の意図がなかったことは明らかです」

事情聴取した査察官はさらに「納税セミナーを年1回開催していた」とする会社側の

資料や、セミナー開催を告知する社員宛てのメールを持ち出してきたが、八田には全く見覚えがなかった。当時の同僚たちに聞いても、記憶している者は誰一人いなかった。前述したように、会社側は任意参加の給与プログラムセミナーを開催していたが、外国債券部長の激職にあった八田がセミナーに参加するのは物理的に不可能。セミナー開催を告知するメールにしても、仕事絡みのメールを1日に数百通も処理する八田が見落としてしまう可能性は否定できなかった。

実は八田の下で働いていた外国債券部の部下や、八田と同じソロモン・ブラザーズから転職してきた同僚は、誰も株式報酬の所得を申告していなかった。会社側は転職してきた社員に株式報酬の納税方法を適切に指導しておらず、納税セミナーの開催も周知徹底されていなかったことは明らかだった。

八田の聴取を担当したのは、とりわけ腕利きの査察官をそろえている部門。査察部がどれほど八田の脱税の解明に力を入れていたかが分かる。だが3月に入ると事情聴取は行われなくなり、14回目の聴取が終わった09年4月には「今月はもう終わり。来月また帰国してください」と告げた査察官に対して、業を煮やした八田が問い詰めた。

「ちょっと待ってください。指定された日に帰国して聴取に応じているのに、どうしてこんなに時間がかかるのですか?」

「私があなたから聴取した内容を報告しても、上司が『そんなはずはない。お前は騙されている』と言って納得してくれないのです」

「その上司と直接面談させてください。それが無理なら、私が意図的に脱税したという確たる証拠を示してください」

「上司と相談します」

このやり取りのあと、査察部からの連絡はぷっつり途絶えた。この間、八田はある外資系証券会社から内定を得たものの、事情聴取を受けていたため結論は先送りされ、無職のままだった。

徴税権力の見せしめ

次に呼び出されたのは半年後の09年10月末。ところが、八田が「私が意図的に脱税したという証拠は見つかりましたか?」と尋ねても、査察官は「あなたを告発するために調査を続けています」と答えるばかり。これではズルズルと時間だけが過ぎていく。八田は半年前に頼んだ相手の上司との面談を強く主張し、ようやく上司に当たる統括官との面談が実現した。

「何が怪しいと思われるのですか？」

「金額です。何百万、何千万という金額なら『（源泉徴収されていないことに）気づかなかった』ということもあり得るかもしれません。億を超える金額に『気づかない』ことだけが腑に落ちないのです」

「私が意図的に仮装・隠蔽した具体的な証拠は出ているのですか？」

「出ていません。調査が長引いているのはそのためです。でも、私たちの仕事はあなたを告発することです」

そしてこの約1ヵ月半後の同年12月7日。査察部は所得税法違反の疑いで、東京地検特捜部に八田を告発。07年までの3年間で隠した所得は約3億6000万円、脱税額は約1億3000万円とされた（起訴段階では「06年と07年の2年間で約3億4892万円の所得を隠し、所得税約1億3221万円を脱税」と修正）。査察官が強制調査の際に「2ヵ月から3ヵ月で終わる」と話した脱税事件は結局、告発までに丸1年を要した。

CS証券の集団申告漏れで、無申告の約100人のうち告発されたのは八田一人だった。査察部が強制調査したもう一人の元幹部は、嫌疑を認めたため告発されず、追徴課税処分だけで終わった。無申告額が八田を超えるケースも1件あったが、「意図的な所得隠し」とする料調第一課の指摘に異議を唱えず、懲罰的な重加算税を含めて納税したため、査察を免れていた。八田は申告漏れの事実は認めたものの、所得隠しの意図を頑なに否定し続けたため、徴税権力の見せしめにされたのだ。

告発の報道がなされたのは、確定申告期間中の10年2月19日。八田が住むカナダのバンクーバーでは、時あたかも冬季オリンピックの開催中だった。「よく告発できたな。証拠が全くないのにどうするつもりだろう」。アイスホッケーの試合観戦直前に、日本に住む元部下からの電話で報道内容を伝えられた八田はこんな感慨に浸った。告発されたことで、外資系証券会社の内定は取り消されてしまった。

容疑者を有罪にしようと決めると、後戻りはしない

ここまで読み進んだ読者には、当の査察官さえ「脱税の証拠が存在しない」と匙を投げたこの事案を告発することがいかに無理筋だったのか、ご理解いただけたはずだ。そもそも査察部は、何でもかんでも告発しようとする組織ではない。強制調査したものの、証拠が足りないと判断すれば、告発を見送って課税処分にとどめるケースも珍しくない。

だが、国家権力としてのプライドを持ち、「自分たちが社会の在り方を決めている」と本気で信じている東京地検特捜部は、容疑者を有罪にしようといったん決めると、もう後戻りはしない。

それにこの時点ではまだ、大阪地検特捜部検事による障害者郵便制度悪用事件での証拠改竄が発覚しておらず（発覚は10年9月）、自らが作り上げたシナリオに基づいて強引な捜査を行う特捜部のスタイルに対する社会的な強い批判は起きていなかった。もちろん関係者の間ではかなり以前から知られていたが……。

そもそもCSGは、日本の捜査当局にとって要警戒の銀行だった。クレディ・スイス・ファイナンシャル・プロダクツ銀行東京支店が株式や不動産の含み損を飛ばす商品を日本企業に販売していたうえ、その事実を隠すために金融監督庁（現・金融庁）の検査を妨害したとして、責任者の前支店長が１９９９年に逮捕されていた。またヤミ金融事件で摘発された指定暴力団山口組旧五菱会の元幹部によるマネーロンダリング事件（03〜04年）、全国小売酒販組合中央会の年金運用で発生した巨額損失問題（04年）など、海外で日本人絡みのカネに関する疑惑が表面化するたびに、CSGの名前が取り沙汰された。

しかも脱税の嫌疑を否定している八田は、東大法学部を卒業して高給の外資系証券会社を渡り歩き、普通のサラリーマンにはとても手にできない億単位の高給を手にしている。米国で与えられた株式報酬も、UBSのPB部門の口座に直接移し替えていた。西松建設事件や陸山会事件の捜査を指揮した佐久間達哉（現・法務総合研究所所長）が部長として率いる当時の東京地検特捜部が、「何としても八田を有罪に持ち込む」と意気込み、査察部との「告発要否勘案協議会」で「受理するから告発しろ」と指示したのも、無理からぬことではあった。

だが証拠の存在しない脱税事案の告発を受理した特捜部も、やはり途方に暮れた。八田に対する特捜部の事情聴取は、告発から実に1年9ヵ月を経過した11年9月12日、品川区五反田にある特捜部財政経済班（現・財政班）の分室でようやく始まった。担当検事は検面調書（検察官面前調書）に残さない八田との会話で次のように話したという。

「告発からもすでに相当時間が経過しており、それに関しては個人的に謝りたい。私が事件を担当してからはそれほど時間が経っているわけではありませんが、最初に資料を見た時の印象は『これはよく分からない』というものでした。しかし外部から持ち込まれた事案をいったん受理した以上、『分からない』ということで突き返すわけにはいかず、全てを最初から調べ直しています」

事情聴取を始めたあとも、特捜部は八田の確定申告を請け負っていた税理士の事務所を家宅捜索してパソコンなどを押収したうえ、八田と同様にFSの所得を申告していなかったCS証券の複数の社員を聴取し、新しい証拠を何とか見つけ出そうと躍起になった。否認を続ける八田はこの間、検事の聴取内容を「#検察なう」というタイトルでツイートし続けた。事情聴取に否認を続けた場合は身柄拘束、つまり逮捕されるのが普通なのだが、八田の場合はそれもなかった。

ところが17回目の11月8日の聴取で、検事は新たに発掘した〝証拠〟を持ち出す。八田は07年3月29日にSOを与えられるひと月前の同年2月下旬、「オプション行使書」と「株式売却フォーム」という英文の文書を、CSGシンガポール支店にある「エグゼクティブ・コンペンセーション部」（株式報酬の事務を担当する部署）に送付していた。八田はこの文書にある「オプション行使書」中の「パート4、税（オプション行使に源泉徴収義務がある場合に限る）」という欄全体に斜線を引く一方、「株式売却フォーム」中の「パート3、売却指示―源泉徴収義務（オプション行使に関して雇用者側の源泉徴収義務がある場合にのみ適用）の欄に、該当を示すチェックを入れていなかった。

特捜部にとってはこの文書こそ、「CS証券が所得税を源泉徴収していないことを八田が認識していた」と解釈できる物的証拠だった。だがこの文書を見せられた八田には、その存在すら記憶になく、特捜部の解釈を明確に否定した。

「エグゼクティブ・コンペンセーション部の女性スタッフに記入の仕方を電話で相談し、その指示に従って機械的にそうしただけです。文書の中身は全く読んでいません」

検事はその女性スタッフをわざわざ東京まで呼び寄せ、事情聴取した。女性スタッフは「相談を受けたかどうかはどうしても思い出せないが、何も理由を言わずにただ斜線を引くようアドバイスすることは絶対にあり得ない」と供述。結局、検事はこの文書を自らに都合よく解釈し、11年12月7日に八田を在宅起訴した。告発からは丸2年が経過していた。検事はメンツにかけて、最後まで後戻りしようとしなかった。

だが考えてもみてほしい。女性スタッフは「相談を受けたかどうか、どうしても思い出せない」と供述しているのだ。しかも内容を説明せずに斜線を引くことのみを指示していたことがバレると、会社から自身の怠慢ぶりを問われかねない。女性スタッフには「何も理由を説明せずに、ただ斜線を引くようアドバイスすることは絶対にあり得ない」

と主張するほかに選択の余地はなかったのだ。

案の定、この文書は後の一審判決でも会社からの他の配布物などと同様、「被告人が株式報酬について源泉徴収されていなかったと認識していた根拠とならないか、根拠として薄弱」と切り捨てられた。「単なるこじ付けに過ぎない」と一蹴されたのだ。

「一回しかない人生を、しっかり歩んでほしい」

東京・霞が関の東京地裁第718号法廷で12年2月22日から始まった八田の公判は、翌年3月1日まで約1年開かれた。公判はCS証券の法務・コンプライアンス本部長が証言台に立った第3回で、早くも決着同然になった。検察側の証人として出廷した本部長は弁護側の反対尋問で、検察側が描いた「会社側は株式報酬に関する税務申告について、社員を十分に指導していた」というストーリーを完全に否定したのだ。

本部長は①CS証券は06～07年当時、株式報酬に関する従業員の税務申告の指導をしていなかった②CS証券内の説明会はマスターシェア・プラン一般に関するもので、税務申告に関するものではなかった③株式受け渡し通知のメモランダムに、会社が源泉徴収しているかどうかは記載されていない④10年以降は株式報酬にかかる所得税も源泉徴収している⑤自分自身は株式報酬にかかる所得税を申告していたが、これはCS証券に入社した際に同じフロアの税務部の担当者から聞かされて知った——などと証言。

慌てた公判検事が再主尋問で「06～07年当時、株式報酬にかかる所得税を源泉徴収するべきだと考えていたか」と尋ねると、本部長は「私個人としては源泉徴収すべきだと思っていた」と、会社側に非があることを改めて認め、傍聴席を驚かせた。

公判の潮目はこれで完全に変わる。検察側は前述したオプション行使書など、有罪を裏付けるような証拠のみにスポットを当て、無罪の裏付けになる証拠は完全に無視したのだが、査察の段階からの物的証拠の不足は最後まで払拭できなかった。強引に一罰百戒を図ろうとした特捜部と査察部は、敗れるべくして敗れたのだ。

検察側の主張をことごとく退け、八田に無罪判決を下した裁判長の佐藤弘規は、判決文読み上げ後の説諭で「独り言ですが……」とつぶやいたあと、八田に語りかけた。

「今回のことで時間が過ぎ、大切なものをなくしてきたと思います。それを取り戻すのは難しいと思いますが、家族やいろんな人が残ってくれましたね。そういった人のために前を向いて、残りの人生を、一回しかない人生を、しっかり歩んでほしいと思います。私も……私も初心を忘れずに歩んでいきます」

国家権力の捨て台詞

東京国税局査察部が告発し、東京地検特捜部が起訴した脱税事件は、ここまで100％の有罪率を誇っていた。90年4月に仕手集団「誠備グループ」代表の加藤暠《あきら》（15年11月に相場操縦の疑いで逮捕・起訴）が自身の脱税では無罪とされる一方で、顧客の脱税の共犯としては有罪になっている。それもあってこの最強タッグが立件して無罪とされた脱税事件は過去になく、佐藤が下した判決は史上初の画期的なものだった。佐藤は自らにだけではなく、査察部や特捜部にも「初心を忘れるな」と呼び掛けたのだ。

検察側は判決を不服として控訴したが、二審の東京高裁は14年1月31日にこれを棄却。判決で裁判長の角田正紀は「本件で検察官は、多数の間接事実を積み重ねて被告の逋脱《ほだつ》（脱税すること）の意図を立証しようとしているが、この場合は積極方向の事情だけでなく、消極方向の事情も踏まえて総合判断するのが当然である」と指摘した。

特捜部と査察部は、従来の告発パターンに安住していた。脱税の嫌疑者（一般の事件の容疑者のこと）は嫌疑事実の内容に異議があったとしても、通常は査察部の事情聴取の段階で嫌疑を認めてしまう。商売の相手先から取引を打ち切られてしまえば元も子もないうえ、世間の目や家族、親戚の立場などに配慮し、いかにも日本人的な発想で争わずに認めてしまう。裁判所の方も10年9月に大阪地検特捜部の証拠改竄が発覚するまでは、余程のことがない限り、特捜部が立件した事件を無罪にすることはなかった。

しかし八田の脱税事件は何一つこれに当てはまらなかった。外資系証券会社に長年勤務した八田には十分な蓄えがあり、家族の理解も得て後顧の憂いなく長期間の公判に耐えられた。カナダに居住し、日本のように周囲の目を気にする必要もない。それに検察ベッタリだった裁判所は証拠改竄事件の発覚後、多少なりとも特捜部に疑いの目を向けるようになった。特捜部と査察部はこうした固有の事情を切り捨て、一敗地に塗れた。

控訴棄却から半月後。上告を断念した東京高検は、無味乾燥極まる一文を次席検事名で発表した。「八田隆に対する所得税法違反事件　明確な上告理由が見当たらないので、上告はしないこととした」。誤った判断で無実の一個人を追い詰めた国家権力が、最後に吐いた捨て台詞だ。八田は14年5月、検察庁と国税庁を相手取り、東京地裁に5億円の損害賠償請求を起こした。勝訴の暁には、刑事訴訟対策の基金を設立するという。

10　ライブドア「粉飾決算」&村上ファンド「インサイダー取引」事件（2006年）

誰が無敵のホリエモンを潰したかったのか？

個人的な記憶から書き始めることをお許しいただきたい。2006年1月16日、月曜日の午後4時前だった。当時、テレビ朝日報道局社会部のデスクだった私は、この日は午後7時から翌日早朝までの出稿に責任を持つ遅番に当たっており、午後5時の出社時間に合わせて間もなく自宅を出ようと準備しているところだった。

その時、チャイムとともに流れたニュース速報のテロップが伝えたのは「東京地検特捜部がライブドアを家宅捜索」。テレ朝の担当記者は事前に情報をつかんでおらず、私にとっても〝青天の霹靂〟だったが、そんな私の脳裏をかすめたのは「ホリエモンは狙い撃ちされたな」という思いだった。

ホリエモンことライブドア社長（当時）の堀江貴文（33）は、まさに時代の寵児だった。まだ30代前半ながら、資本市場の自由化を背景に巧妙なファイナンス手法で資金を調達し、ニッポン放送株をめぐってフジテレビと派手なバトルを展開。さらに落選こそしたものの、05年9月の衆議院議員選挙に出馬するなど、既存の権力を相手に怖いもの知らずの戦いを仕掛けていた。こうした堀江の奔放な言動は若者層の支持を集める一方で、保守的なエスタブリッシュメントたちの顰蹙を買った。

ＮＨＫの速報から約2時間半後の午後6時半ごろ、六本木ヒルズ森タワー38階にあるライブドア本社や、隣のレジデンシャル・タワーの堀江の自宅に、特捜部と証券取引等監視委員会（ＳＥＳＣ）の係官が隊列を組んで家宅捜索に入った。2つの建物はそれこそテレ朝の目と鼻の先。捜索は翌17日の午前6時すぎまで続き、私は現場の記者とのやり取りや報道局内の調整、続報の手配に追われた。

1週間後の1月23日。特捜部は証券取引法違反（偽計取引、風説の流布）の疑いで堀江、ライブドア取締役で最高財務責任者（ＣＦＯ）の宮内亮治（38）、ネット広告会社「ライブドアマーケティング」（旧バリュークリックジャパン）社長の岡本文人（38）、金融業「ライブドアファイナンス」社長の中村長也（38）を逮捕・起訴（社名、肩書は逮捕当時）。さらに翌2月22日には同じ証取法違反（有価証券報告書の虚偽記載）の疑いで4人を再逮捕し、同月24日にはライブドア代表取締役になっていた熊谷史人（28）を新たに逮捕・起訴した。

1月16日夕方から始まった家宅捜索は約12時間にも及び、遅番デスクの私も徹夜作業になった。17日早朝、家宅捜索を終えた係官がパソコンや関係書類などが入った段ボール箱を次々と運び出す映像を報道局内の大画面で見ながら、私は「これは税金を使った露骨なイジメだな」と感じていた。「調子に乗るなよ、ホリエモン」という国家権力の声が聞こえた気がした。

堀江と錬金術師たち

ライブドアの歴史は1996年4月、福岡県八女市出身で東大文学部在学中の堀江を中心に設立されたベンチャー企業「オン・ザ・エッヂ」に始まる。ウェブサイト制作や有料メールマガジンの配布などで事業を拡大し、2000年4月に東証マザーズに上場を果たすと、その5日後には上場で得た60億円を使って投資会社を設立。電子決済サービスやソフトウェア販売などインターネット関連のベンチャー企業を次々と買収した。02年11月には経営破綻した（初代）ライブドアからインターネット無料接続サービスとライブドアのブランドを譲り受け、事業の柱をポータルサイト（インターネットの玄関口となるウェブサイト）事業に移行。社名も「エッジ」と変更し、さらに04年2月には、より知名度の高いライブドアに社名を再変更した。

創業者の一人で社長の堀江が広告塔的な役割を果たす一方、買収による事業分野の拡大という経営の中核的役割を担ったのが、CFOの宮内だった。67年8月に横浜市で生まれ、苦学して私立横浜商業高校を卒業した宮内は、税理士事務所で働きながら95年に税理士資格を取得。オン・ザ・エッヂの税務を請け負って堀江と出会い、99年にオン・ザ・エッヂの取締役に就任すると、堀江の右腕としてライブドアを動かした。

その2人がオン・ザ・エッヂの株式上場のためにスカウトしたのが、準大手の国際証券（現・三菱UFJ証券）で同社の新規上場を担当していた野口英昭（38）と、宮内の高校の同級生だった中村だ。

野口は00年にオン・ザ・エッヂに入社し、同年4月の東証マザーズ上場で中心的役割を果たすと、その後はライブドアグループの投資会社「キャピタリスタ」（04年2月にライブドアファイナンス〈LDF〉に社名変更）の社長に就任し、宮内や中村とともにライブドアグループの業容拡大を進めた。後述するが、堀江や宮内らが証券取引法違反の罪で立件される要因となる、投資事業組合を活用した買収で、ライブドアに資金を還流させるスキームを考案したのは野口だったとされる。

だが野口は堀江と意見が合わなかったようで、02年7月にエイチ・エス証券に転職、同社副社長と子会社「エイチ・エスインベストメント」社長を務めた。公判中の堀江が09年に著した『徹底抗戦』によると、野口はライブドアを辞めた後も宮内とは毎週のように打ち合わせをしていたようだ。そしてライブドアが家宅捜索を受けた2日後の1月18日、那覇市のカプセルホテルで死体となって発見される。沖縄県警は自殺としたが、死因をめぐって揣摩《しま》臆測が飛び交った。

ライブドアのファイナンス事業本部を率いる宮内が手掛けた数々のM&A（企業の合併・買収）の実務を担ったのが中村と、03年に入社したリクルート出身の岡本文人。岡本が買収交渉、中村は買収資金の出し入れや契約書の作成など実務を担当した。

堀江の逮捕を受けていったんはライブドア代表取締役に就任した熊谷史人は00年に横浜市大商学部を卒業し、中堅の証券会社勤務を経て02年にオン・ザ・エッヂに入社。わずか7ヵ月後には経営企画管理本部担当の執行役員副社長に就任した。ライブドアの〝錬金術〟の一つになる株式100分割（後述）のアイデアを考案した功績で、04年12

月に27歳の若さで取締役に就任した。

05年2月にライブドアが発行済みのニッポン放送株29・6%を取得する際、熊谷は自らの証券会社勤務時代の人脈を利用して、米国の投資銀行「リーマン・ブラザーズ」（08年9月に倒産）に800億円分のMSCB（転換価格修正条項付き転換社債）を引き受けさせ、取得資金を調達した。

こうした経緯もあって、フジテレビとのニッポン放送株争奪戦が終わった05年4月以降のライブドアは、社長の堀江ではなく、宮内と熊谷が実質的な権力を握った。

なぜニッポン放送株に関心を持ったか？

話が先走った。ライブドアがニッポン放送株を取得する以前の時点に、時計の針を戻そう。00年4月にオン・ザ・エッヂが上場した後、堀江は会社四季報を眺めて様々な企業の業績や情報を得るのが楽しみの一つになった。

そのうちに堀江は①ニッポン放送と文化放送という衰退しつつあるラジオ局が、フジテレビという日本を代表するテレビ局の株の大半を保有している②ニッポン放送株の当時の時価総額（発行済み株式数に株価をかけた金額）が、実質的には子会社のフジテレビ株の時価総額を下回っている——という奇妙な事態に興味を持った。つまりニッポン放送は、フジサンケイグループの「持ち株会社」的役割を果たしていたのだ。

「それはニッポン放送を買収すれば、フジテレビをライブドアのグループ会社にできるということを意味する」（『徹底抗戦』より）

この思いつきがのちに堀江自身の首を絞めることになるのだが、当時の堀江にとって「『フジテレビのライブドアグループへの編入』は、単なる夢物語であった」（同前）。

だが〝物言う株主〟として名を売りつつあった投資ファンド「M&Aコンサルティング」代表の村上世彰と出会い、堀江の人生は大きく変わる。

99年に通商産業省（現・経済産業省）を辞職した村上が立ち上げた複数のファンド、通称「村上ファンド」は03年7月、ニッポン放送の発行済み株式の7・37%を保有する大株主に浮上する。この株の買い取りを再三にわたって求めたものの、ニッポン放送は応じようとしなかった。村上は、ニッポン放送およびフジテレビを100%子会社とする持ち株会社の設立を提案したが、ニッポン放送はこれも拒否した。

出口を見出せずに焦った村上は04年夏ごろから、メディア事業に関心のありそうなIT系企業の経営者に「僕のニッポン放送株が欲しくないか。フジテレビが手に入るんだぜ」とささやき始める。その一人が堀江だった。
堀江は公開討論会で出会った村上に心酔。村上と同じ六本木ヒルズのレジデンシャル・タワーに住み、頻繁に意見交換する間柄になった。村上のM&Aコンサル社は04年6月、ライブドアと同じ六本木ヒルズ森タワーに移転し、2人の距離は仕事面でも一段と縮まる。04年9月15日、宮内とともにライブドア本社で村上と面会した堀江は、村上から「ニッポン放送はいいよ。ニッポン放送株の経営権が取れればフジテレビが手に入る。私たちは一生懸命、株を買うから、あなた方も協力してくれたらうれしいな」と焚き付けられ、すっかりその気になった。
「二〇〇四年六月の大阪近鉄バファローズ買収、プロ野球新規参入表明後の騒動で、テレビ報道の影響力を身をもって感じていた私は、『限られた時間の中ではあっても、ラストチャンスに賭けてみるのもいいか』と思い始めていた」(『徹底抗戦』より)
堀江が村上に感化されたのを受けて、ライブドア内では宮内を中心にニッポン放送株取得に向けた動きが始まる。同年11月8日、M&Aコンサル社で堀江らとともに村上と会った宮内は「いやあ、村上さん、ニッポン放送は良いですね。ほしいですね。経営権取得できたら良いですね。僕らもおカネをいっぱい準備しますから、どうですかね」と話し、ニッポン放送株を自分たちも５％以上買い集める（と解釈できなくもない）意向を示した。社長の堀江同席の下で、村上は宮内から重要事実を伝えられた（ことにされた）。

村上ファンドは同年11月4日時点でニッポン放送株を４４４万株（発行済み株式の13・54％）保有していたが、同年11月9日から05年1月26日までの2ヵ月半の間に、約99億５０００万円かけて１９３万株を買い増した。これによって村上は、のちに証取法違反（インサイダー取引）容疑に問われ、06年6月5日に逮捕される。逮捕直前に東京証券取引所で開いた記者会見で、村上は今も語り草となる〝迷言〟を吐いた。

「ライブドアの動きをもとに儲けようと思ったんじゃないけれども、宮内さんが『それ行け、やれ行け、ニッポン放送だ』というのを聞いちゃったでしょう、と。聞いちゃったと言われれば、聞いちゃったんですよね」

堀江は〝ネギを背負って来たカモ〟

ライブドアがニッポン放送株取得に向けて資金調達に腐心する一方、村上ファンドの動向を危惧したフジテレビは05年1月17日の取引終了後、ニッポン放送の株式公開買い付け（ＴＯＢ）実施を発表した。ニッポン放送株を買い増し、保有済みの同社株12・39％と合わせて、最終的には50％以上の株式を取得することで、親会社のニッポン放送を逆に子会社とする構想。公開買い付け期間は発表翌日の1月18日から2月21日までの間で、買い付け価格は1株５９５０円。

しかし村上は、このＴＯＢに応じるつもりはなかった。彼の関係先の計算では、ニッポン放送株は最低でも1株６３００円で、フジテレビが提示した価格は安すぎるのだ。フジテレビの発表後、Ｍ＆Ａコンサル社にやってきた堀江に「フジテレビのＴＯＢ価格より高い値段だったら、村上さんは売ってくれますか」と尋ねられた村上は「僕は他人様のお金を預かっているファンドマネージャーだからね。もちろん、高く買ってくれるところに売るよ」と答えた。すると堀江が、村上に言った。

「村上さん、僕に売ってください」

堀江の強気の発言には確たる裏付けがあった。ライブドアでは前年暮れ、熊谷を中心とした財務チームの働きで、リーマン・ブラザーズなど数社から「５００億円規模のＭＳＣＢを発行して資金調達できる」との感触を得ていたのだ。熊谷はフジテレビのＴＯＢ発表の翌日からリーマン社に絞って交渉を進め、最終的にリーマン社がライブドアの

ＭＳＣＢ８００億円分を引き受けることで合意した。さらに、それまで宮内や中村との交渉で融資を渋っていたスイスの大手金融機関、クレディ・スイス・グループが1週間程度の超短期で１００億円を融資することも決まった。

これによって堀江は「（東証の電子取引システムを使った）時間外取引スキームなどを用いれば、フジテレビのＴＯＢに対抗することは充分に可能で、五〇％以上のニッポン放送株買収も夢ではないとの確信を得た」（『徹底抗戦』より）。

05年2月8日午前8時20分。堀江は時間外取引（大口投資家に認められている午前9時より前の株取引）を利用して勝負に出た。ＭＳＣＢ発行による資金がライブドアの手に入るのは同月24日になるため、この日の資金はリーマン社からの約６００億円のつなぎ融資と、クレディ・スイスからの融資で賄った。

子会社のライブドアパートナーを通じて28分間に取得したニッポン放送株は、発行済み株式の29・6％に当たる９７２万２７０株（取得総額５８８億円強、1株平均６０５1円）。これまで市場で密かに買い集めてきた１７５万６７６０株（持ち株比率5・36％）と合わせた保有株数は１１４７万７０３０株（同34・96％）となり、ライブドアは3分の1を超える圧倒的な筆頭株主に突如として躍り出た。発行済み株式の3分の1超を保有すれば、株主総会で重要事項の拒否権を持つことができる。

ところが堀江に共同戦線を持ち掛けてその気にさせた村上は、やはり手持ちのニッポン放送株の売り抜けを狙っていた。村上はライブドアが時間外取引でニッポン放送株を大量取得する2月8日の前日までに、発行済み株式の18％に当たる609万株を保有していた。そしてまず8日の時間外取引で、2回に分けて合計328万株を1株6100円でライブドアパートナーの買い注文にぶつけた。もちろん堀江には無通告だ。さらにニッポン放送の株価が急騰すると、堀江に「株価が上がったので、やっぱりニッポン放送株を売るよ」と電話で通告し、8800円の高値を付けた2月10日の取引終了間際に129万株を市場で売却した。これを受けてニッポン放送株は暴落するが、村上は手元に残っているニッポン放送株も続く数日間で売り抜け、月末の保有比率はわずか3・44％にまで低下した。堀江は共闘してくれると信じていた村上から梯子を外された。

ニッポン放送株に対する村上ファンドの投資額は約250億円で、売り抜けによって約150億円の利益を得たと言われる。仮にフジテレビのTOBに応じていれば、売却益は約110億円にとどまり、市場での売却に比べて約40億円も少なくなるところだった。村上にとって、堀江はまさに〝ネギを背負って来たカモ〟だった。

証取法違反ネタが密かに検察庁へ

村上に手玉に取られた形のライブドアだったが、このあと2ヵ月以上にわたりフジテレビとの間でニッポン放送株の争奪戦を繰り広げる。ニッポン放送は2月23日、フジテレビを引受先とする4720万株分の新株予約権の発行計画を発表したが、ライブドアは翌日に発行差し止めを東京地裁に請求。同地裁は3月11日に差し止めの仮処分決定を下した。ニッポン放送は抗告したものの、東京高裁は同月23日にこれを却下した。

ライブドア社内の実力者のスタンスは強硬派の宮内、和平派の熊谷、右顧左眄する堀江に分かれた。堀江は熊谷の仲介で3月初め、事態の打開に向けてフジテレビ会長の日枝久と極秘会談。一方、当初はニッポン放送買収に後ろ向きだった宮内は村上の裏切り以降、主戦論に転じる。ライブドアが保有するニッポン放送株を担保に資金を調達し、本丸のフジテレビ株の3分の1超を取得しようと企てた宮内は、クレディ・スイスにいったん融資を返済したあと、新たに200億円を借り入れる交渉を進めていた。

「勝てると思って挑んだ勝負なら、初志貫徹すべき。相手をぶん殴ったのだから、殴り返されるのは当たり前。そんなことでひるむなら、喧嘩なんて最初からしなければいい」

ややもすると和平論に傾きかねない堀江を、宮内はこう言って鼓舞した。3月16日、ライブドアが取得したニッポン放送株はついに過半数に達した。

だが「ソフトバンク・インベストメント」（SBI、現・SBIホールディングス）最高経営責任者の北尾吉孝がホワイトナイト（白馬の騎士＝敵対的買収に対する防衛策）役として登場してくると、ライブドア内の強硬論はとたんに腰砕けとなる。

SBIは3月24日、ニッポン放送が保有するフジテレビ株35万株強（13・88％）を5年間借り受ける契約を結び、フジテレビの筆頭株主に躍り出た。同時にフジテレビが160億円、ニッポン放送が20億円、SBIグループが20億円を出資する「SBIビービーメディアファンド」の設立も発表された。辣腕のM&A専門家の北尾が乗り出して来たことに怖れをなしたライブドアの内部ではこれ以降、最強硬派だった宮内が和平派に転じてしまい、4月4日の臨時取締役会でフジテレビとの和解を主張。もともと和平派の熊谷らが同調し、宮内の方針転換を知らされていなかった堀江は孤立した。

「村上ファンドなど、ライブドア株の増資に応じてくれる株主もいるので、さらに増資をして最後までやり通すつもりであったが、気がつくと、私の意見は取締役会の中で少数派になっていた。最終的には、熊谷氏が中心になってフジテレビとの和解案を詰めて

いき、和解会見は、四月一八日にお台場のホテルで行われた。私としては実に不本意な和解となった」（『徹底抗戦』より）

最終的にライブドアは、市場で買い集めたニッポン放送株1640万株を約1034億円で買い取らせるとともに、ライブドアの440億円の第三者割当増資を引き受けさせることでフジテレビと和解した。約1474億円もの資金を手に入れた和解発表の日の夜、宮内は「フジをカツアゲ（恐喝）してやったよ」と怪気炎を上げたという。

このあと社内の実権を握った宮内は、人が変わったように傲慢になる。その一方、堀江は05年9月の衆院選で、守旧派の亀井静香の地盤である広島6区から無所属で出馬したり（落選）、宇宙ビジネスに参入したりと、本業そっちのけでタレントさながらのパフォーマンスを繰り広げるようになっていった。

他方、ニッポン放送株を取り返すため、ライブドアにカツアゲされたフジテレビ。だが誰もが「盗人に追い銭」と感じた取引の舞台裏では、ライブドアへの意趣返しを図るため、フジテレビの監査法人がライブドアのデューデリジェンス（資産査定）を進めていた。その過程で証取法違反に該当すると疑われる、ライブドアの会計処理が見つかり、このネタが社会部の司法記者クラブから検察庁に密かに持ち込まれた。

05年秋、東京地検特捜部は堀江らの立件に向けて動き出す。特捜部の事情聴取を受けたライブドア幹部の中には、検事から「フジテレビからおたくのデューデリジェンスの内容を聞いているぞ」と言われたケースもあった。私自身ものちに事件当時のフジテレビ関係者から、デューデリジェンスの結果を検察庁に持ち込んだ事実を直接聞いた。

これは余談だが、当時の司法記者クラブで特捜部を担当していた知人によると、ライブドア事件の終結後、フジテレビの司法記者クラブのキャップが東京高検次席検事（当時）だった笠間治雄と友達口調で親しげに話すなど、急に態度が大きくなり、周囲から不審がられたという。フジテレビが検察庁と組んで、ライブドアと堀江に意趣返ししたことは間違いなさそうだ。

自社株食い、架空売り上げ、風説の流布

ところで、堀江たちが証取法違反に問われた行為とはどのようなものだったのか。違法行為のスキームを構築した宮内や野口らの手口を振り返ってみよう。

【有価証券報告書の虚偽記載】《自社株食い》

ライブドアは携帯電話販売会社「クラサワコミュニケーションズ」と消費者金融紹介サイトを運営する「ウェッブキャッシング・ドットコム」の株式を、ライブドアの新規発行株式と交換して子会社化すると公表していた。

しかし、実際には投資会社「ライブドアファイナンス」（ＬＤＦ）のダミーである「Ｍ＆Ａチャレンジャー1号投資事業組合」（業務執行組合員はエイチ・エス証券の野口）が、買収先の株主に渡したライブドア株を現金で買い取ったうえ、これをＬＤＦのダミーである「ＶＬＭＡ２号投資事業組合」を通じて売却。その利益はＭ＆Ａチャレンジャーの配当金としてＬＤＦに還流され、ライブドアはこれを04年9月期の連結売上高に計上して37億６７００万円を水増しした。

投資事業組合は民法上の「任意組合」に当たり、外部からは出資者や資産運用の実態が全く分からないため、外資系金融機関の指南を受けた機関投資家が、M&A専用のファンドに投資する際に素性を隠す手段として、海外のタックスへイブンに設立するようになった。出資者として暴力団が名を連ねているケースも珍しくなく、アングラマネーの隠れ蓑としての役割も果たしているといわれる。

株式交換は買収先の株主に現金ではなく、自社の株式を渡す方法。巨額の資金がなくても買収を仕掛けることができるため、欧米ではM＆Aの主流になっており、日本でも商法改正によって1999年10月から可能になった。時価総額（株価×発行済み発行株数）が大きくなれば、大企業さえ株式交換で簡単に買収できる。

こうした自社株食いのスキームは宮内とエイチ・エス証券の野口を中心に考案され、堀江は報告を受けて了承したとされる。この会計処理について特捜部は「投資事業組合を経由させていても、自社株売却で得た資金は貸借対照表（ＢＳ）に計上する『資本金』で、損益計算書（ＰＬ）に計上する『利益』ではない」と指摘した。

【有価証券報告書の虚偽記載】《架空の売り上げの計上》

04年9月期末の段階では株式交換による完全子会社化が成立していなかった消費者金融会社「ロイヤル信販」と、出会い系サイト運営会社「キューズ・ネット」。ロイヤル信販には現預金が豊富だったため、宮内らはこれを04年9月期決算に利用しようと、両社から「モバイルマーケティング・コンサルティング」「ネットワークコンサルティング」などの業務が期中にライブドアに発注されたかのように装い、15億8000万円の売上高を水増しした。これについても堀江は報告を受けて了承したとされる。

ライブドアの04年9月期の連結決算には3億1278万円の経常損失が発生していたが、自社株食いと架空売り上げの計上で売上高を約53億4700万円水増しし、約50億3400万円の経常利益を上げたとする虚偽の有価証券報告書を関東財務局長に提出した。このことについて、決算発表を控えた04年11月の上旬か中旬ごろ、熊谷から「このままでは経常利益が十数億円くらい減ることになるかも知れません」「証拠書類はないので、これから作らせます」などと報告を受けた堀江は「頭痛いなあ。まあ、熊ちゃん、頑張って」などと言いながら了承したとされる。

【偽計、風説の流布】

ライブドアは04年3月、TOBによって東証マザーズ上場（当時）のネット広告会社「バリュークリックジャパン」（05年6月にライブドアマーケティングに社名変更）を36億8700万円で買収。さらに同年6月には、LDFのダミーである「VLMA2号投資組合」が出版社「マネーライフ社」を4200万円で買収した。

同年10月25日、バリュー社はマネーライフ社を株式交換比率1対1で買収すると発表した。だが数ヵ月前にマネーライフ社株は、LDFの支配下にあるVLMA2号が全株を保有しており、この時点でマネーライフ社がライブドアグループ入りしたかのように公表するのは、確かに誤解を招きかねない行為ではあった。

それにマネーライフ社の価値は1億円程度に過ぎなかったが、LDFは買収手数料などを上乗せして4億円と過大に評価。加えて「第三者機関がDCF法（投資対象が生み出す将来のキャッシュフローを予測し、その現在価値を評価する企業価値の評価手法）で算出した結果を踏まえ、両社間で協議の上で決定した」と虚偽の説明をした。

この株式交換によって1600株のバリュー社株がVLMA2号に渡る。11月8日、バリュー社が株式の100分割を発表すると、同社の株価は急騰。株式分割でバリュー社の保有株数が16万株になったVLMA2号は05年2月、野口のエイチ・エス証券を通じて、タックスヘイブンの英領ヴァージン諸島に設立された投資事業組合「エバートン・エクイティ」にバリュー社株を譲渡し、エバートンはこれを市場で売却した。エバートンの受益者は宮内で、この時の約8億円の売却益のうち、約7億円がライブドアに還流した。

株式分割とは1株をいくつかに分割し、発行済みの株式数を増やすこと。01年6月の商法改正で「株式分割後の1株当たりの純資産が5万円を下回ってはならない」という規制が撤廃され、大幅な分割が可能になった。株数が増え、理論的にも株価が下がることで流動性が高まり、投資家の裾野が広がると期待された。

株式分割そのものは企業価値に影響を与えないが、大幅な分割を行った銘柄の株券は分割基準日から効力発生日（新株券が株主の手元に届く日）までの約50日間は品薄になり、株価が乱高下しやすくなった。高値で売り抜ければ濡れ手で粟の荒稼ぎができるため、時価総額の拡大を目論むライブドアなど新興のIT企業が盛んに分割した。

このため全国の証券取引所は05年3月、5分割を超えるような大幅な株式分割の自粛を要請。さらに06年1月からは効力発生日を基準日の翌日に変更したため、株価乱高下の原因と考えられた株式分割による品薄状態は解消されるようになった。

さらにバリュー社は04年第3四半期通期（1〜9月）決算が経常損失3200万円、

当期純損失2100万円だったにもかかわらず、キューーズ・ネットに対する1億500万円の架空の売上高を計上。「バリュー社の第3四半期の経常利益は7200万円、当期純利益は5300万円。当期第3四半期は前年同期比で増収増益を達成し、前年中間期以来の完全黒字化への転換を果たしている」という虚偽の事実を公表した。特捜部はこれが「風説の流布」に当たるとした。

税金を使った露骨なイジメ

ライブドア事件の公判で堀江は懲役2年6ヵ月、宮内は1年2ヵ月の実刑、中村、岡本、熊谷は執行猶予3年付きの有罪判決が確定した。堀江は上告審まで争ったが、11年4月26日の最高裁判決で実刑が確定。同年6月から13年3月まで収監された。

それにしても、わずか50億円余りの粉飾で実刑とは驚くばかりだ。しかもこの事件のスキームを構築したのはどう考えても宮内と、関係先の家宅捜索の2日後に自殺した（とされる）野口で、堀江は粉飾するよう指示したり、具体的な粉飾の手法を考案したりしたわけではない。どれほど堀江の役割を重く見たところで、宮内らの報告を聞いて承認し、決裁したにとどまる。07年3月16日の一審判決は量刑の理由をこう書いている。

「被告人は自己の認識や共謀の成立を否定するなどして、本件各犯行を否認しており、公判廷でもメールの存在等で客観的に明らかな事実に反する供述をするなど、不自然、不合理な弁解に終始しており、多額の損害を被った株主や一般投資家に対する謝罪の言葉を述べることもなく、反省の情は全く認められない」

「何度もいうが、当然、私に犯意などない。（中略）検察は『社長として経営責任を負うこと』と『刑事責任を負うこと』を混同しているフシがある」（『徹底抗戦』より）との堀江の主張は、全くその通りだろう。この事件の実像は意趣返しを狙うマスコミと、調子に乗った若い起業家を叩き潰そうとする国家権力がタッグを組んだ「税金を使った露骨なイジメ」なのだ。

堀江は「リスクを取って結果を出した人間が報われるのは当然」という、欧米流の実力主義の信奉者に違いない。その堀江がエスタブリッシュメントの標的にされたこと自体、日本という国家が堀江の存在を受け入れられるほど民主的でも、合理的でもないことの証だろう。「出る杭は打たれる」ということの国の状況は、今も何一つ変わらない。

おわりに

サラリーマンが知っておきたい10の経済事件を私なりに選び、どのような事件だったのか、何が問題とされたのかを中心に紹介した。オリンパス粉飾決算事件や総会屋利益供与事件、さらにはライブドア・村上ファンド事件など、本書の記述が発生当時の報道のトーンと随分異なることに気づかれた方も多いだろう。そうした事件はすべて、東京地検特捜部が立件した事件なのだ。

事件がニュースとして消費されたあと、ある程度の時間が経過してから当事者を取材すると、「えっ、そうだったんですか?」というケースが多いことに驚く。その典型例が第9章の「クレディ・スイス証券元部長『脱税（無罪）』事件」。外資系証券元部長の八田隆氏は海外で得た株式報酬を不注意で申告していなかっただけなのに、東京国税局査察部と東京地検特捜部は「高給取りの外資系証券元部長が海外での所得を意図的に隠した」と強引なシナリオを描き、告発・起訴した。その結果は、検察側の完膚なきまでの敗北。国家権力の傲慢さを象徴するような事件だった。

現在進行中の「オリンパス巨額粉飾決算事件」の公判を傍聴していても、オリンパスやメインバンクの三井住友銀行というエスタブリッシュメントを庇おうとする特捜部が、幇助役の野村證券OBに責任を押し付けている構図が明白だ。第10章の「ライブドア粉飾決算事件」の堀江貴文氏の場合、若く奔放な言動を白眼視する守旧派層に無理やり退場させられたのが真相だろう。第5章の「総会屋利益供与事件」では、熊崎勝彦部長（当時、現・プロ野球コミッショナー）率いる東京地検特捜部に逮捕され、ありもしない事実を強引に認めさせられた証券会社幹部を、私は何人も知っている。

「検事は誤った正義を貫くことが自分たちに与えられた使命と思い込み、それがカッコいい生き方だと信じている。容疑者が自分たちのシナリオを認めなければ、マスコミにリークして既成事実化し、それでも認めさせることができなければ左遷される。検察という組織は、閉鎖社会の日本の中だけで君臨する、最も悪質なブラック企業」

東京地検特捜部に逮捕された経験を持つ、私の情報源の〝特捜部観〟は言い得て妙だ。

本書の最後に「事件（問題）を起こしやすい会社」の特徴を書き記す。自分の会社をチェックしてみていただきたい。

□①上司にゴマをする能力しかない縁故（コネ）入社の社員ばかりが出世する
□②創業者一族が大株主としていつまでも経営権を手放そうとしない
□③創業者一族以外の特定の人物が長期間トップに君臨し、ポストを譲らない
□④創業者または「中興の祖」と呼ばれる人物がいつまでも影響力を持ち続ける
□⑤トップが周囲の助言に聞く耳を持たず、自分の過去の成功体験ばかり自慢する
□⑥特定の学閥、派閥だけが優遇されている
□⑦正規雇用の社員と非正規雇用の社員の待遇格差が大きい

④の場合、こうした輩は出入り業者と癒着してリベートを受け取るなど、悪事を働くことが多い。⑥と⑦では冷遇されている方が、優遇されている方の悪事を捜査当局に内部告発する。それから第4章と第7章で述べたことだが、インターネット証券を通じた株式の不正取引はＳＥＳＣに必ずバレるので、くれぐれも慎んでいただきたい。

本書は新潮社出版企画部の矢代新一郎氏に担当していただいた。私と矢代氏は上智大学文学部史学科中井晶夫教授ゼミ（西洋現代史）の同窓に当たる。ようやく共同作業が実現したことを喜びたい。

田中周紀

2016年10月

●主要参考文献

第三者委員会『調査報告書』(東芝、2015年)
今沢真『東芝 不正会計 底なしの闇』(毎日新聞出版、2016年)
週刊現代編集部「スクープ! 『社長をクビにした理由』を本誌にぶちまけた! 東芝のサプライズ人事 西田会長がその全内幕を明かす」(週刊現代2013年6月1日号、講談社)
川端寛「スクープ 東芝『不正謀議メール』を公開する」(文藝春秋2016年4月号、文藝春秋)
FACTA編集部「東芝『原発失敗』頬っかむり」(月刊誌FACTA2016年6月号、ファクタ出版)
田中周紀『飛ばし 日本企業と外資系金融の共謀』(光文社新書、2013年)
読売新聞社会部『会社がなぜ消滅したか 山一証券役員たちの背信』(新潮文庫、2001年)
七尾和晃『虚業 小池隆一が語る企業の闇と政治の呪縛』(七つ森書館、2014年)
読売新聞社会部『会長はなぜ自殺したか 金融腐敗=呪縛の検証』(新潮文庫、2000年)
森功『許永中 日本の闇を背負い続けた男』(講談社+α文庫、2010年)
田中森一『反転 闇社会の守護神と呼ばれて』(幻冬舎アウトロー文庫、2008年)
一ノ宮美成+グループ・K21『大阪に蠢く懲りない面々 水面下の黒い攻防』(講談社+α文庫、2004年)
田中周紀『巨悪を許すな! 国税記者の事件簿』(講談社+α文庫、2016年)

八田隆『勝率ゼロへの挑戦　史上初の無罪はいかにして生まれたか』（光文社、２０１４年）
職員の株取引問題に関する第三者委員会『調査報告書』（ＮＨＫ、２００８年）
堀江貴文『徹底抗戦』（集英社、２００９年）
大鹿靖明『ヒルズ黙示録　検証・ライブドア』（朝日文庫、２００８年）
大鹿靖明『ヒルズ黙示録・最終章』（朝日新書、２００６年）
別冊宝島Ｒｅａｌ編集部『追跡！　ライブドア事件　残された10のミステリー』（宝島社、２００６年）

これ以外に朝日新聞、毎日新聞、日本経済新聞、ＦＡＣＴＡの関連記事を参考にした。

田中周紀　1961(昭和36)年、島根
県生まれ。フリージャーナリスト。
上智大学文学部史学科卒。共同通
信社、テレビ朝日で国税当局など
の取材を担当。著書に『巨悪を許
すな！　国税記者の事件簿』など。

Ⓢ新潮新書

693

会社《かいしゃ》はいつ道《みち》を踏《ふ》み外《はず》すのか

経済事件《けいざいじけん》10の深層《しんそう》

著　者　田中周紀《たなかちかき》

2016年11月20日　発行

発行者　佐　藤　隆　信

発行所　株式会社新潮社

〒162-8711　東京都新宿区矢来町71番地
編集部(03)3266-5430　読者係(03)3266-5111
http://www.shinchosha.co.jp

印刷所　株式会社光邦
製本所　憲専堂製本株式会社

ISBN978-4-10-610693-4　C0236